アクティブラーニングとしてのPBLと探究的な学習

溝上慎一・成田秀夫 =編

東信堂

アクティブラーニング・シリーズの刊行にあたって
[全7巻]

監修者　溝　上　慎　一

　2014年末に前下村文科大臣から中央教育審議会へ諮問が出され、初中等教育の次期学習指導要領改訂のポイントとしてアクティブラーニングが示された。いまやアクティブラーニングは、小学校から大学までの全学校教育段階の教育を、「教えるから学ぶへ(from teaching to learning)」のパラダイム転換へと導くとともに、学校から仕事・社会のトランジションはじめ、生涯にわたり成長を促す、巨大な思想を含み込んだ学習論となっている。

　英語のactive learningを「能動的学習」「主体的な学び」などと訳したのでは、40年近くこれらの用語を日常的に用いてきた日本の教育関係者にとって決して響くものにはならないだろうと考え、思い切ってカタカナにした。2010年頃のことだった。能動的学習、主体的な学びを用いて再定義、意義を主唱するには、示すべき新しい事柄があまりにも多すぎると感じられたからである(この経緯は、私の前著『アクティブラーニングと教授学習パラダイムの転換』(東信堂、2014年)に書いている)。

　一部の大学で草の根運動的に広まってきたアクティブラーニングが、ここまでの展開を見せるに至ったのには、日本の教育を見つめ、私たちと問題意識を共有するに至った河合塾教育研究開発本部の取り組みがあったこともあげておきたい。

　この用語が、ここまでの展開に繋がるとは当時考えていなかったが、それにしてもこの1年、いい加減なアクティブラーニングの本や解説書が次々刊行され、現場を混乱させていることに私は社会的責任を感じている。少しでも理に適ったアクティブラーニングのガイドブックを教育関係者に届けたいと思い、今後の小中学校への導入も予期しつつ、すでに実際に授業に取り組んでいる高校・大学の先生方を対象に本シリーズの編纂を考えた次第である。

本シリーズでは、文部科学省の「アクティブ・ラーニング」ではなく、監修者の用語である「アクティブラーニング」で用語統一をしている。第4巻で、政府の施策との関連を論じているので、関心のある方は読んでいただければ幸いである。また、アクティブラーニングの定義やそこから派生する細かな意義については、監修者のそれを各巻の編者・執筆者に押しつけず、それぞれの理解に委ねている。ここは監修者としては不可侵領域である。包括的用語(umbrella term)としてのアクティブラーニングの特徴がこういうところにも表れる。それでも、「講義一辺倒の授業を脱却する」というアクティブラーニングの基本的文脈を外している者はいないので、そこから先の定義等の異同は、読者の受け取り方にお任せする以外はない。

　「協同」「協働」については、あえてシリーズ全体で統一をはかっていない。とくに「協同(cooperation)」は、協同学習の専門家が長年使ってきた専門用語であり、政府が施策用語として用いている、中立的で広い意味での「協働」とは厳密に区別されるものである。各巻の執筆者の中には、自覚的に「協働」ではなく「協同」を用いている者もおり、この用語の異同についても、監修者としては不可侵領域であったことを述べておく。

　いずれにしても、アクティブラーニングは、小学校から大学までの全学校教育のパラダイムを転換させる、巨大な思想を含み込んだ学習論である。この用語を入り口にして、本シリーズがこれからの社会を生きる生徒・学生に新たな未来を拓く一助となれば幸いである。

第1巻『アクティブラーニングの技法・授業デザイン』(安永・関田・水野編)
第2巻『アクティブラーニングとしてのPBLと探究的な学習』(溝上・成田編)
第3巻『アクティブラーニングの評価』(松下・石井編)
第4巻『高等学校におけるアクティブラーニング：理論編』(溝上編)
第5巻『高等学校におけるアクティブラーニング：事例編』(溝上編)
第6巻『アクティブラーニングをどう始めるか』(成田著)
第7巻『失敗事例から学ぶ大学でのアクティブラーニング』(亀倉著)

第2巻　はじめに

　第2巻は、『アクティブラーニングとしてのPBLと探究的な学習』である。大学で言えばPBL（問題解決学習・プロジェクト学習）、高校で言えば総合的な学習の時間やSSHやSGHでの取り組みは、アクティブラーニングが提唱される以前からなされていた。それらが、大学で言えば、AL中心型のアクティブラーニング型授業に類型化され、高校で言えば、習得・活用・探究という学習プロセスのなかの探究的な学習、ひいてはアクティブラーニングの一つとして位置づけられるようになった。PBL（問題解決学習・プロジェクト学習）、探究的な学習を概説する書物はたくさんあるが、それをアクティブラーニング論の一つとして概説する書物はおそらく本書がはじめてのものだろう。第1章（溝上慎一）で、その理論がまず概説される。

　第2章、第3章は、PBL（問題解決学習・プロジェクト学習）・探究的な学習を理論的に説明する第1章を補完する章である。第2章（長澤多代）では、大学でアクティブラーニング型授業への転換が進むなかで、求められるようになっている情報リテラシー教育やラーニングコモンズの整備など、その基盤となる大学図書館の機能強化について概説している。第3章（成田秀夫）では、高校において、問いを立てる、手法を学ぶ、他者と協働しながら問題解決をはかる等の、探究的な学習の展開のしかたについて概説している。

　第4章〜第6章は、大学におけるPBL（問題解決学習・プロジェクト学習）の事例である。第4章（成瀬尚志・石川雅紀）はマップ作りを軸としたプロジェクト学習を、第5章（丹羽雅之）は医療系学部におけるPBL（問題解決学習）

を、第6章（小山理子）はブライダルをテーマにしたプロジェクト学習を紹介している。

　第7章・第8章は、高校における探究的な学習の事例である。第7章（飯澤功）では、探究科で有名な（京都市立）堀川高校の「探究基礎」の授業を、第8章（木村伸司・岡本真澄）では、大阪府教育センター附属高校が学習の中核として取り組んでいる「探究ナビ」の授業を紹介している。

　各章に出てくるアクティブラーニング（型授業）の定義や理論の背景、授業技法やデザイン、評価などについては、下記の巻で論じられる理論的・実践的説明をあわせてお読みいただきたい。理解がよりいっそう深まると思う。

第1巻『アクティブラーニングの技法・授業デザイン』
　　　　　　　　　　　　　　　　（安永悟・関田一彦・水野正朗編）
第3巻『アクティブラーニングの評価』（松下佳代・石井英真編）
第4巻『高等学校におけるアクティブラーニング：理論編』（溝上慎一編）
第6巻『アクティブラーニングをどう始めるか』（成田秀夫著）

　　　　　　　　　　　　　　　　　　　　　　　　　　　　溝上 慎一

シリーズ第2巻
アクティブラーニングとしてのPBLと探究的な学習／目次

アクティブラーニング・シリーズの刊行にあたって……………… i

第2巻　はじめに………………………………………………………iii

第Ⅰ部　理論編

第1章　アクティブラーニングとしてのPBL・探究的な学習の理論 …… 5
溝上　慎一

第1節　問題解決学習としてのPBL ………………………………… 6
　(1) 医療系で始まった問題解決学習という学習戦略………6
　(2) 定義と特徴………7
第2節　プロジェクト学習としてのPBL …………………………… 10
　(1) プロジェクトメソッドにルーツがあるプロジェクト学習………10
　(2) 二つのPBLの類似点と相違点………11
　(3) 実世界の問題解決に取り組ませる教育的意義………15
　　　──アクティブラーニング論に位置づけて
第3節　高校の探究的な学習 ………………………………………… 17
　(1) プロジェクト学習の一つとして………17
　(2) 自己の在り方生き方を考える探究的な学習………18
　(3) コミュニケーションやプレゼンテーションの力は総合的な学習の時間で育てればいいのであって、教科の授業ではアクティブラーニングは必要ない？………19
まとめ…………………………………………………………………… 21
●さらに学びたい人に………………………………………………… 23

第2章 問題解決や課題探究のための情報リテラシー教育 … 24
長澤　多代

第1節　アクティブラーニングへの転換と大学図書館 …………… 24
第2節　情報リテラシーの定義と基準 …………………………… 25
　(1) ジェネリックスキルの基盤となる情報リテラシー………25
　(2) 情報リテラシーの概念の変遷………26
　(3) 高等教育における情報リテラシーの基準………28
第3節　情報リテラシー教育の理論的枠組み …………………… 30
　(1) 情報リテラシー教育の枠組み………30
　(2) 情報利用プロセス・モデル………31
　(3) 問題解決や課題探究のプロセスにおける情報リテラシー………32
第4節　問題解決や課題探究のプロセスにおける
　　　　情報リテラシーの育成 ……………………………… 35
　(1) テーマを設定する………35
　(2) 情報探索の手順を考える………35
　(3) 情報を探索する………37
　(4) 情報を評価(取捨選択)・統合する………38
　(5) 情報を表現する………39
　(6) 成果とプロセスを評価する………41
第5節　問題解決や課題探究を組み入れた授業の設計と運営 …… 41
　(1) 教員と図書館員の連携………41
　(2) 授業設計：関連文献や情報リテラシー教育の準備………41
　(3) 授業運営：教室内外における学習の方向づけ………42
まとめ……………………………………………………………… 43
●さらに学びたい人に………………………………………………… 45

第3章　高校での探究的な学習の展開　　46
成田　秀夫

第1節　高校での探究的な学習 …………………………………… 46
　(1) 探究的な学習とは………46
　(2) 探究的な学習が求められる背景………48
　(3)「習得」と「探究」をつなぐ「活用」………50
　(4) 探究的な学習と高大接続………52

第2節　探究的な学習のデザイン ………………………………… 54
　(1)「学び続ける力」を育てるデザイン………54
　(2)「問い」を育てるデザイン………56
　(3)「観」を育てるデザイン………57
　(4) 高校現場に即したデザイン………59

第3節　探究的な学習の課題 ……………………………………… 61
　(1) 教科との連携………61
　(2) 大学や地域との連携………62
　(3) 評価………62

まとめ………………………………………………………………… 64
●さらに学びたい人に……………………………………………… 65

第Ⅱ部　事例編

第4章　マップ作りを軸としたプロジェクト型学習
　　　　　——学部横断型ジグソー学習法の可能性　　69
成瀬　尚志・石川　雅紀

第1節　神戸大学のESDコースの沿革と構成 …………………… 69
第2節　マップ作りを軸とした授業デザイン …………………… 71
　(1) 活動目標と教育目標の区別………71

(2) 学習プロセス………73
　　(3) 主体的な学びを促すための工夫―学部横断型ジグソー学習法………77
　　(4) マップ作りワークショップのデザイン………78
　第3節　授業の様子……………………………………………………　81
　第4節　いかにして緊張感のある学習環境を作り上げるか…………　85
　まとめ……………………………………………………………………　86

第5章　岐阜大学の医療系PBL(Problem-based Learning)　89
丹羽　雅之

　第1節　岐阜大学PBL／テュートーリアル 導入の背景………………　89
　第2節　岐阜大学PBLシステムの実際…………………………………　90
　　(1) 全容………90
　　(2) コア・タイムならびに1週間の流れ………92
　　(3) テューター………96
　　(4) シナリオならびにテューターガイド………98
　　(5) 学生ガイダンス………99
　　(6) 評価………100
　第3節　岐阜大学PBLの検証　………………………………………　101
　　(1) PBL 1期生に対する臨床教員による評価………101
　　(2) PBL 1期生の学外臨床実習に対する評価………101
　　(3) PBL学生の知識獲得能力の評価………101
　第4節　今後の展望………………………………………………………　102
　まとめ……………………………………………………………………　103

第6章　ブライダルをテーマにしたPBL(Project-based Learning)　106
小山　理子

第1節　ブライダル科目へのPBL導入の背景……………………………… 106
第2節　ブライダルをテーマにしたPBL型授業の実践………………… 107
　(1) 授業概要とテーマ設定………107
　(2) 授業デザインの工夫………108
　(3) ディープ・アクティブラーング型授業へのアプローチ………109
　(4) 15回の授業計画と進行手順………111
　(5) 授業の様子　………114
第3節　今後の展望 ……………………………………………………… 117
まとめ………………………………………………………………………… 118

第7章　高等学校での探究型学習とアクティブラーニング　　120
飯澤　功

第1節　はじめに ………………………………………………………… 120
第2節　学校の教育目標を「探究基礎」で達成する …………………… 121
　(1)学校全体の目標の中での位置づけを明確に………121
　(2)堀川高校での位置づけ………123
第3節　取組みの改善と教員間での共有がなされる
　　　　「探究基礎」の教員体制 ………………………………………… 125
　(1)授業時間・単位………125
　(2)教員体制………126
　(3)研修会や会議の役割………128
第4節　「探究基礎」の流れ ……………………………………………… 129
　(1)宿泊研修………129
　(2)HOP………129
　(3)STEP………132
　(4)JUMP………134
まとめ………………………………………………………………………… 139

第8章 学校設定科目「探究ナビ」におけるアクティブラーニング　　140
木村　伸司・岡本　真澄

第1節　はじめに ………………………………………………………… 140
第2節　演劇的手法を用いたコミュニケーション能力育成プログラム……141
　　(1)プログラムの構造と教師の役割………141
　　(2)プログラムの実際………141
　　(3)プログラムを通じた生徒の成長の把握………150
　　(4)より深い学びをもたらすために─経験の構造化………154
　　(5)教員の成長─劇団員から学ぶ、ファシリテーションスキル─………154
　　(6)課題と今後の展望………155
　まとめ……………………………………………………………………… 156
　●さらに学びたい人に…………………………………………………… 156

索　引……………………………………………………………………… 157
執筆者紹介………………………………………………………………… 159

装幀　　桂川　潤

シリーズ　第2巻

アクティブラーニングとしてのPBLと探究的な学習

第Ⅰ部

理論編

第 1 章
アクティブラーニングとしての PBL・探究的な学習の理論

溝上　慎一（京都大学）

　PBLには、「問題解決学習(problem-based leaning)」と「プロジェクト学習(project-based learning)」の二つがある。前者は「問題解決型学習」や「問題基盤型学習」などと呼ばれることもあるし、後者は「プロジェクト型(ベース)学習」「課題解決学習」などと呼ばれることもある。本章では、それぞれを「問題解決学習」「プロジェクト学習」と訳して呼んでいく。

　この二つのPBLはアクティブラーニングの一つであり(Mills & Treagust, 2003; Savery, 2006; Thomas, 2000)、「AL中心型」の代表的な戦略である。本章では、この二つのPBLを取り上げ、それらの定義や特徴について理論的に概説する(第1・2節)。初等中等教育で用いられる「探究的な学習」は、一般的にはプロジェクト型(project-based learning)として理解されるものであり、第1・2節で概説するPBLをふまえて第3節で概説する。

各巻との関連づけ

第4巻の「**大学教育におけるアクティブラーニングとは**」と題する**第2章（溝上慎一）**では、アクティブラーニング型授業を「AL+講義型」と「AL中心型」に分類して説明しています。

第1節　問題解決学習としてのPBL

(1) 医療系で始まった問題解決学習という学習戦略

　問題解決学習(PBL：problem-based learning)という学習戦略は、1960年代後半、カナダのマックマスター大学メディカルスクールで開発されたものだと考えられている。その後問題解決学習は、ニューメキシコ大学(米国)やリンブルフ州立大学(現在のマーストリヒト大学、オランダ)、ミシガン州立大学(米国)、ニューカッスル大学(オーストラリア)などのメディカルスクールでも取り組まれるようになった(cf. 溝上, 2014)。

　問題解決学習が具体的にどのような学習戦略なのかを、バロウズ(Barrows, 1985, 1986)の医療系の例から見てみよう(図1-1を参照)。

　(患者と状況に関する)「問題(problem)」が与えられて学習が始まるのは、問題解決学習の最大の特徴である。そして、問題が与えられた後の段階1として、グループ学習と個人学習を交互に繰り返しながら、また授業内活動と授業外活動を往還しながら、問題が見定められる。必要な情報や考えが見定められ、収集される。それをもとに問題を解決することに時間が充てられる。そして、段階2・3で、学習内容や解決法が振り返りのもと整理される。

　問題解決学習の次なる特徴は、段階1〜3で、テューターが大きな役割を担うことにある。問題解決学習が「PBLテュートリアル(PBL tutorial)」と呼ばれるゆえんでもある。問題解決学習は、学生が問題解決に向けて、グループ学習、自己主導型学習、情報収集などの活動をしなければならず、学習はすべてそれらの活動の結果を受けて進んでいく。言い換えれば、これらの活動が不十分なものであったり、場当たり的なものであったりすると、問題解決学習全体がナンセンスなものとなる。テューターは、このような文脈で必須の役割を担う。チャン(Chan, 2008)は、テューターの役割は、問題解決のための議論や検討からの学習の構成を保障するための存在であり、教員以下、ガイド役以上のものだと特徴づけている。

　問題解決学習は、カリキュラムのなかに埋め込まれて戦略化されるこ

とが多い。一般の講義や演習科目を補完する科目として設定されるというよりは、問題解決学習を中心としてカリキュラムが組成されるのである。

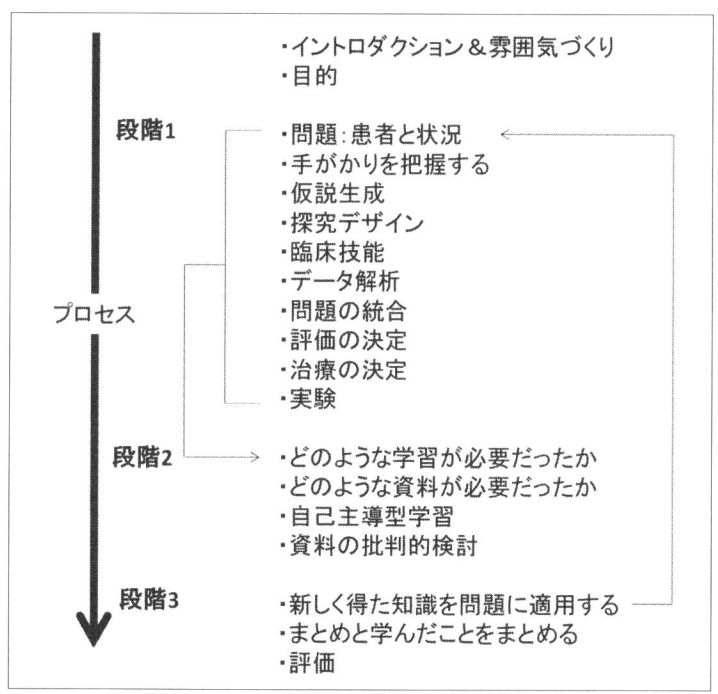

図1-1　医療系における問題解決学習のプロセス
*Barrows（1985）、Figure 2（p.20）を翻訳・作成

(2) 定義と特徴

問題解決学習は50年近くの歴史を持ち、今や医療系を中心にしながらも、他の専門分野で広く用いられている学習戦略である。歴史があり専門分野も拡がっている分、具体的な戦略を見ていくと、問題解決学習と一口に言っても、その実情がかなり多様であることがすぐにわかる。ウッズ(2001)がこうした実情をふまえて、「(問題解決学習の)すべてに共通していることは、"学習

を進めるために問題を使用する"ということ(だけ)である」(p.xi、カッコ内は筆者が挿入)と述べるほどである。

その上で、可能な限り一般化して問題解決学習を定義すると、次のようになる。

> 問題解決学習とは、実世界で直面する問題やシナリオの解決を通して、基礎と実世界とを繋ぐ知識の習得、問題解決に関する能力や態度等を身につける学習のことである。

メローシルヴァー（Hmelo-Silver, 2004）を参考にして、問題解決学習の一般的なステップとサイクルを図1-2のようにまとめてみよう。問題解決学習ではまず、実世界に関する問題やシナリオが与えられ、学生は関連する事実を特定して、問いや仮説を立てる。次いで、知っている知識、知らない知識を分別・整理し、どのような知識が不足しているかを見定める（問題の設定・分析）。調べ学習を通して新しい知識を習得する（自己主導型学習）。学習したことをもって、はじめの問題・シナリオに戻って活用し、問題が解決されればそれでよし。解決されなければ、もう一度上記のステップを繰り返す。問題解決した最後には、学習したことをまとめる。

問題の示すタイミングを学習ステップの特徴としてとらえ、その観点から問題解決学習を説明するのはウッズ(2001)である（図1-3を参照）。

ウッズによれば、伝統的な学習も問題解決学習もともに問題を扱うが、伝統的な学習では、知識が教えられ、知識を学習し、知識を活用するために問題が与えられる。それに対して問題解決学習では、はじめに問題が与えられ、それを解決するために必要な知識を見定め、その知識を学習する。そして、知識を活用して、問題を解決したかをはじめに戻って評価する。解決できなければ、もう一度このステップをやり直す。

伝統的な学習では、学習が知識の教授学習から活用(問題)に至るまで、一方向的な「ステップアップの学習」となっている点に特徴があるが、問題解決

第1章　アクティブラーニングとしてのPBL・探究的な学習の理論　9

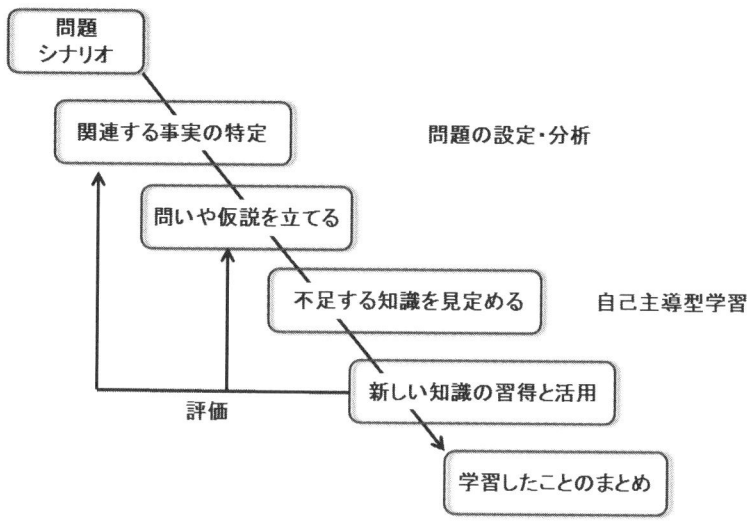

図1-2　問題解決学習のステップとサイクル

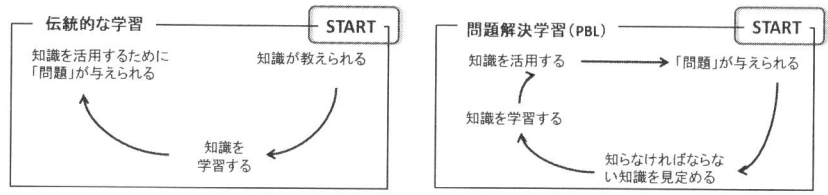

図1-3　伝統的な学習と問題解決学習の問題の示す手順の違い

＊ウッズ（2001）、図2-1（p.13）をもとに作成

学習では、問題の提示から学習が始まり、解決する学習になっていたかを、はじめの問題に戻って評価するという「サイクルとしての学習」となっている点に特徴がある。問題解決学習を「サイクルとしての学習」ととらえるのは、上述のメローシルヴァー（図1-2を参照）と同じである。

第2節　プロジェクト学習としてのPBL

(1) プロジェクトメソッドにルーツがあるプロジェクト学習

　問題解決学習(PBL：problem-based learning)は、1960年代後半の高等教育におけるメディカルスクールにルーツがあると説明されることが多い(第1節(1)を参照)。それに対してプロジェクト学習(PBL：project-based learning)は、20世紀初頭の、主として初等教育におけるキルパトリックの「プロジェクトメソッド(project method)」にルーツがあると説明されることが多い(ex. Savery, 2006)。プロジェクトメソッドの思想的な母体は、デューイの進歩主義教育に求められるとも考えられている(田中・橋本, 2012)。プロジェクト学習は今日、初等中等教育のみならず高等教育まで幅広く使用されている、代表的な学習戦略の一つとなっている。

　プロジェクト学習は、図1-4に示すように進むことが多い。プロジェクトテーマ、解決すべき問題や問い、仮説を立てて、先行研究のレビューを行う。問題解決に必要な知識や情報を調べ学習で収集し、多くの場合調査や実験等によってデータも収集する。調べ学習やデータ分析した結果をふまえて考察を行い、最後は成果物として仕上げるために発表を行ったりレポートを書いたりする。

　プロジェクト学習は学生版の研究活動(research)だと言われることもあるが、それはプロジェクト学習が、研究者や学者が行う研究のステップを近いかたちで採り入れているからである。また、プロジェクト学習と一口に言っても、実際の戦略的な中身が非常に多様であることは問題解決学習と同様である。すべてのプロジェクト学習が調査・実験によってデータを収集し成果を仕上げるわけではなく、作品(artifact)を創作することで成果を仕上げることもある。

　多様な戦略を採るプロジェクト学習ではあるが、プロジェクト学習の定義や特徴を述べている近年の文献を参考にして(cf. Bell, 2010; Donnelly & Fitzmaurice, 2005; Thomas, 2000)、プロジェクト学習を次のように定義する。

第1章 アクティブラーニングとしてのPBL・探究的な学習の理論　11

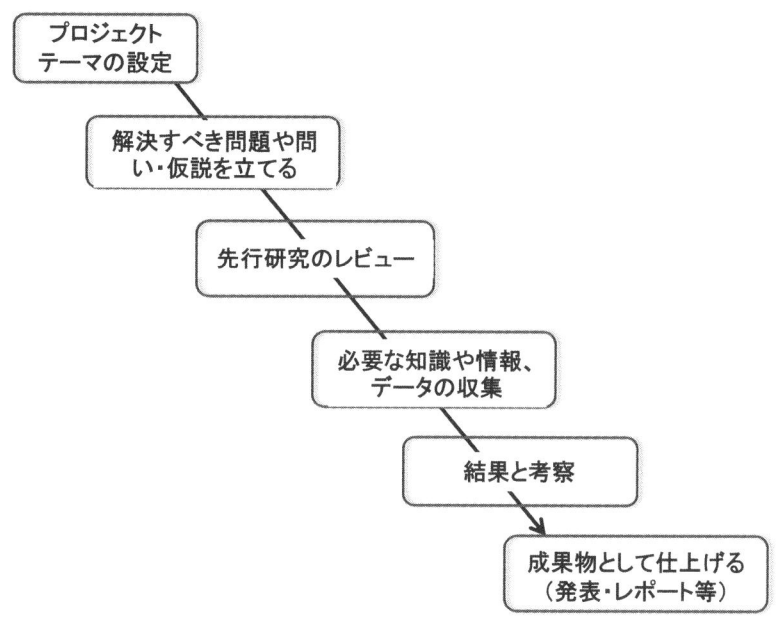

図1-4　プロジェクト学習のステップ

> プロジェクト学習とは、実世界に関する解決すべき複雑な問題や問い、仮説を、プロジェクトとして解決・検証していく学習のことである。学生の自己主導型の学習デザイン、教師のファシリテーションのもと、問題や問い、仮説などの立て方、問題解決に関する思考力や協働学習等の能力や態度を身につける。

(2) 二つのPBLの類似点と相違点

二つのPBL(問題解決学習とプロジェクト学習)は、その学習戦略の特徴、目標とするところにおいて共通点が多く、類似したものだと言われることが多い(Donnelly & Fitzmaurice, 2005; Savery, 2006)。そのせいか、研究者や教育者、

実践家のなかに、問題解決学習とプロジェクト学習の境界線があいまいなものが少なからず見られる(Hung, 2011)。

PBL以外にも、近接概念には「探究学習(IBL：inquiry-based learning)」「ケースメソッド(case method)」「発見学習(discovery learning)」「フィールドワーク(fieldwork)」「遠征学習(expeditionary learning)」などいくつもあるが、本章では大きな学習戦略の概念として理解される二つのPBLだけを紹介している。近接概念との違いに関心のある読者は、トマス(Thomas, 2000)やセイヴェリ(Savery, 2006)を参照されたい。

以下では、問題解決学習やプロジェクト学習の特徴について検討している先行研究(Barrows, 1996; Bell, 2010; Donnelly & Fitzmaurice, 2005; Hmelo-Silver, 2004; Hung, 2011; Mills & Treagust, 2003; Savery, 2006; Smith & Ragan, 2005; Thomas, 2000)を参考にして、問題解決学習とプロジェクト学習の類似点を以下の点に見定める。

①実世界の問題解決に取り組む

実世界(real world)で起こっている真正(authentic)な問題解決に取り組むことである。問題解決は「探究(inquiry)」の活動でもある。実世界は「実社会」「実生活」「専門職の実践」をも含む。実世界で起こっている問題は学際的で、教科や科目の学習を超えることが多い。

②問題解決能力を育てる

問題解決に取り組むことで、問題解決能力を育てることである。問題解決能力は、具体的に、目標や問題・問いを立てる力、問題解決に関する思考力(帰納的・演繹的推論、批判的・反省的思考、意思決定や判断など)、情報処理能力を指す。「なぜ(why)」「どうやって(how)」を問う力だとも言える。

③解答は一つとは限らない

問題解決の結果としての解答(answer / solution)や結論は一つとは限らない

ことである。

④自己主導型学習を行う

　自己主導学習(self-directed learning)によって、問題や問い、仮説を立てる、知識や情報、データの収集を行うことである。「学生中心型(student-centered)」や「学習者中心型(learner-centered)」とも呼ばれるものである。

⑤協働学習を行う

　多くの学習プロセスを、グループなどの協働学習(cooperative/ collaborative learning)で行うことである。問題解決のための協働学習のみならず、学生同士で課題や役割、時間などをマネジメントすることまで含む。

⑥構成的アプローチを採る

　2つの構成的アプローチを採る。一つは知識構成(knowledge construction)であり、学生が持つ既有知識や経験、素朴な考え等を、問題解決のなかで学習することに繋げ、自身の知識世界を構成的に発展させることである。「学習への深いアプローチ(deep approach to learning)」(Entwistle, McCune, & Walker, 2010; Marton & Säljö, 1976)と呼ばれるものでもある。もう一つは社会的構成(social construction)であり、他者や集団の理解や考え等を取り込んで、自身の知識世界を社会構成的に発展させることである。

　類似点の多い問題解決学習とプロジェクト学習ではあるが、違いを積極的に見定めようとすれば、以下の点が挙げられる。

①解決すべき問題の設定主体の違い

　問題解決学習は、問題やシナリオが教師から与えられて解決プロセスに入っていくことが多い。プロジェクト学習も、プロジェクトテーマは教師から与えられることが多いが、それに関しての解決すべき問題や問いは、学生

自身が立てることが多い。したがって、プロジェクト学習は問題解決学習と違って、教師があらかじめ予想したような成果内容には至らないことが多い。

②プロセス重視型かプロダクト重視型かの違い

　問題解決学習もプロジェクト学習もともに、学習である以上、知識習得やレポート、創作物等の最終プロダクト(end product)が重要となることは言うまでもない。しかしながら、あえて力点の違いを挙げれば、プロジェクト学習は最終プロダクトを仕上げることを目指して問題解決が進められ(プロダクト重視型)、問題解決学習は、問題解決のプロセスにおいて、自己主導型学習や協働学習などの学習態度、問題解決能力を育てることを目指す(プロセス重視型)。

③支援者の違い

　問題解決学習では、テューターが(PBL)テュートリアルによって学生の自己主導型学習を支援することが多いが、プロジェクト学習では、教師(teacher / information provider)がファシリテーター (facilitator)あるいはコーチ(coach)、スーパーバイザー (supervisor)の役割を担って、場合によってはTAや外部支援者等のアシスタントもつけて、学生の自己主導型学習を支援することが多い。もちろん、プロジェクト学習でもテューターを置く取り組みはある。

④カリキュラムにおける位置づけの違い

　PBLカリキュラムと呼ばれることがあるように(第1節(1)を参照)、問題解決学習はカリキュラムの中心に置かれることが多いが、プロジェクト学習は多様な形態を採ることが多い。カリキュラムの中心に置かれる場合もあれば、補足的に置かれる場合もある。

⑤問題解決の時間的展望の違い

問題解決学習は、今現場や社会で起こっている問題を与えられての解決学習であることが多いが、プロジェクト学習は、未来に向かっての社会的な課題解決の学習であることが多い。

⑥時空間における制限の違い

問題解決学習はカリキュラムのなかに埋め込まれるので、時空間の幅は教室や授業を中心とした拡がりとなる。それに対してプロジェクト学習は、時間(たとえば、コースや学期を越えて、ときには数年にわたって)・空間(教室や自習室、自宅、図書館だけでなく、地域や実践現場も)の枠を大きく越えて取り組まれることが多い。

(3) 実世界の問題解決に取り組ませる教育的意義
——アクティブラーニング論に位置づけて

問題解決学習であろうがプロジェクト学習であろうが、PBLは、細分化され体系化された教科・科目の学習を超えて(=脱教科)、実世界に関する問題解決に取り組ませる学習戦略である。なぜPBLが求められるのかと言えば、それは問題解決に取り組ませることで、将来取り組むであろう問題解決に必要な態度(自己主導型学習・協働学習)、(問題解決)能力を育てたいからである。知識や考えが知識構成的に、社会構成的に形成され発展するさまを体得してほしいからである。メディカルスクールの問題解決学習のように、知識習得が重要な学習目標に立てられる場合でも、その過程でのこれらの問題解決に関する態度や能力等の育成は、学生の将来を考えての、きわめて重要な学習目標となる。

PBLがカリキュラムの中心に置かれるべきだと主張する者(ex. Bell, 2010; Hung, 2011; Thomas, 2000)が少なからずいる。米国のチャータースクールやメディカルスクール等を別として、その実現は一般的にはなかなか難しいが、それでも彼らの意図するところは理解できる。それは、PBLを中心としたカリキュラム、その教育を通して、実世界にしっかりと根ざした学生の社会化

(socialization)をはかろうと考えるからである。教科や科目の学習は、将来のための基礎的な学習にはなっても、それだけで実世界の問題解決を行える学習となるわけではない。基礎的な学習は、将来のための必要条件ではあっても十分条件ではないのである。この十分条件を満たす学習戦略としてPBLは提唱されているし、真正面からとらえれば「PBLがカリキュラムの中心に置かれるべきだ」という主張にもなるのである。

　こうして、PBLを通して見えてくるのは、今日、仕事や社会の変化を受けて学校教育の社会的機能が見直されている、さらには学校から仕事・社会へのトランジションが見直されているということである。PBLはこの文脈のもと、教科・科目の基礎的な学習を超えて(＝脱教科)、実世界の仕事・社会とを直接繋ぐ学習戦略として提唱されているのである。

　最後に、PBLはアクティブラーニングの一つ、AL中心型のアクティブラーニング型授業の一つであることを今一度確認して、PBLをアクティブラーニング論の一つとして理解しよう。というのも、学校教育の社会的機能、トランジションを見直すための学習戦略は、何もPBLだけに求められるものではなく、アクティブラーニング全般において求められるものだからである。私たちは、PBLだけで実世界に繋げる学習を行いトランジション課題を解決するのではなく、PBLを含めたあらゆるアクティブラーニング型授業をとおして、トランジション課題を解決していくと理解しなければならない。

第3巻の「アクティブラーニングの背景」と題する第1章(溝上慎一)では、アクティブラーニング推進の背景にある、学校から仕事・社会へのトランジションを説明しています。

各巻との関連づけ

第3節　高校の探究的な学習

(1) プロジェクト学習の一つとして

　高校では、総合的な学習の時間(学校によってはSSH［スーパーサイエンスハイスクール］、SGH［スーパーグローバルハイスクール］の一環として取り組んでいるところもあろう)で「探究的な学習」がなされている。総合的な学習の時間とは、『高等学校学習指導要領』(2009年3月)において次のように目標が定められている。実質的には、これが定義である。

> 第1　目標
> 　横断的・総合的な学習や探究的な学習を通して，自ら課題を見付け，自ら学び，自ら考え，主体的に判断し，よりよく問題を解決する資質や能力を育成するとともに，学び方やものの考え方を身に付け，問題の解決や探究活動に主体的，創造的，協同的に取り組む態度を育て，自己の在り方生き方を考えることができるようにする。
> 　　　　　　　　　　　　　　　　　　（「第4章　総合的な学習の時間」より）

　学術的には、この探究的な学習は、(生徒版の)研究活動(research)を特徴とする「プロジェクト学習」に相当するものと理解される(田中・橋本, 2012; 上杉, 2010)。問題解決学習もプロジェクト学習もともに、問題や問い、仮説を立てるという点で探究(inquiry)の要素を持っているが、研究(research)にともなうプロダクトを重視するのは、どちらかと言えば、プロジェクト学習のほうである(前節(2)を参照)。

　また、高校の総合的な学習の時間は、カリキュラム上では、習得－活用－探究といった学習プロセスに位置づけられた「探究」的な学習を指している。習得・活用による学習成果を、探究という総合的な学習、異なる角度から理解し直す、習熟させるといったことは大いに期待されながらも、探究的な学

習それ自体で(基礎的な知識の)習得を目指すものとは考えられていない。したがって、用語は似ているが、(基礎的な知識の)習得まで目指すいわゆる「IBL(探究学習：inquiry-based learning)」(cf. Spronken-Smith et al., 2012)とは異なる。

(2) 自己の在り方生き方を考える探究的な学習

教師から問題やシナリオを与えられて、その問題解決にあたる問題解決学習(problem-based learning)と違って、プロジェクト学習としての探究的な学習は、大きなテーマは教師から与えられながらも、それに関しての解決すべき問題や問いは、生徒自身が立てることが多い。

多くの場合、この問題や問いを立てる過程に、生徒自身の好きなことや関心のあることが盛り込まれたり、問いをつくるスパイラルを繰り返す中で自分が知らず知らずのうちに秘めていた興味に出会ったりすることがある(日本図書館協会図書館利用教育委員会・図書館利用教育ハンドブック学校図書館（高等学校）版作業部会, 2011)。これが自己の在り方生き方を考える、自己理解のきっかけとなることが珍しくない。前項(1)の『高等学校学習指導要領』で定められる探究的な学習の目標に「自己の在り方生き方を考えることができるようにする」とは、このことを指している。探究的な学習だけで、イコールキャリア教育になるわけではないが、その一つの活動としての意義は十分ある。

実世界の問題に取り組むプロジェクト学習(探究的な学習)それ自体のなかに、自己の時間的・空間的な拡がりを創り出す活動が本来的に備わっていると説いたのはデューイであり、彼は「社会的生活(social life)」という概念でそのことを説いた(橋本, 2012)。この時間的・空間的な拡がりこそが、生徒の社会的な興味・関心を創り出し、将来こうしたい、ああしたいといった自己の将来の姿を創り出す。デューイの社会的生活という概念は、プロジェクト学習(探究的な学習)が単なる問題解決的な研究活動以上のものであり、田中・橋本(2012)の著書の副題を借りれば、「知と生を結ぶ学び」の活動であることを示唆している。

各巻との関連づけ

第3巻の「キャリア教育の視点から見たアクティブラーニング」と題する第5章（鈴木達哉）では、キャリア教育、トランジションとアクティブラーニングの親和性について論じています。

(3) コミュニケーションやプレゼンテーションの力は総合的な学習の時間で育てればいいのであって、教科の授業ではアクティブラーニングは必要ない？

　プロジェクト学習としての探究的な学習には、一般的にグループワークを通しての協働学習、プロダクト（成果物）の完成に向けての中間発表、最終発表と、プレゼンテーションの機会を少なからず伴う。プロジェクトを遂行するなかで、目標や問題・問いを立てる力、問題解決に関する思考力（帰納的・演繹的推論、批判的・反省的思考、意思決定や判断など）、情報処理等の能力が育てられる。これを受けて、卒業後の仕事・社会で求められる能力を育てるには、総合的な学習の時間で探究的な学習をさせれば、それで十分ではないか、と主張する教員が少なからずいる。ひいてはこの主張を、アクティブラーニングを数学や国語、社会、理科といった教科の、とくに習得や活用の学習のなかに導入しなくてもいいではないかと、アクティブラーニング批判に繋げる教員が少なからずいる。

　筆者は、この批判に対して「否（ノー）」と答える。理由は、探究的な学習で扱うテーマや問題が、関連する知識や情報に制約を受けるという意味での領域固有（domain-specific）のものであり、探究的な学習を通して育てられる領域固有の能力が、そう簡単に他の領域の問題を解決する能力として転移（transfer）しないと考えられるからである（奈須, 2015）。

　たとえば、次のようなことがある。数学で形式論理的操作を扱い、その知識習得や問題演習を通して論理的思考力が育ったとしても、その論理的思考

力が、政治経済のような社会事象の構造を論理的に思考するものとして働くわけではかならずしもない。わかりやすくいえば、数学がいくらできても、それで社会のことを論理的に考えられるわけではかならずしもないということである。社会のことを論理的に考えられるためには、社会に関連する知識や情報を持っていなければならない。知識や情報が十分になければ、たとえ数学ができても、たとえ汎用的な論理的思考力が高くても、社会という領域固有のテーマや問題を論理的に考えることはできないのである。

　こうして、能力はさまざまな領域固有の問題を通して育てられなければならないという考えに至る。政府やOECD、産業界等から、汎用的な能力(ジェネリックスキル、ジェネリックコンピテンシー)を育てよと要求されるにしても、その能力は、さまざまな領域固有の問題を通して、育てられなければならない。総合的な学習の時間だけでなく、数学や国語、理科といった教科の学習においても、さまざまな領域固有の問題にたくさん取り組み、1つ1つは領域固有の能力であるものを、できるだけ汎用的なレヴェルに近づけなければならない。総合的な学習の時間だけで、汎用的なコミュニケーションやプレゼンテーションの能力を育てることはできないのであり、あらゆる教科の授業においてもそうした能力を育てる活動を組み込んでいかなければならない。教科におけるアクティブラーニングの導入はここで意義を示す。

　さらに言えば、高校教員からよく耳にする、たとえば部活動をしっかりやっていれば、たとえ勉強が少々できなくても将来は大丈夫。彼らは部活動を通してコミュニケーションやリーダーシップなどの能力を身につけているのだから、という考えが、いかに浅はかなものであるかも理解されよう。筆者の扱う高校生の調査研究からも、部活動を一生懸命やってはいるが、学習にあまり取り組んでいない生徒のディスカッションやプレゼンテーションの能力が、さほど高くないという結果が示されている(溝上, 2015)。ある特定の学習や活動だけで汎用的な能力を育てるのは難しいと理解すべきである。

> **まとめ**
>
> - PBLには、「問題解決学習(problem-based learning)」と「プロジェクト学習(project-based learning)」の二つがあり、それらはAL中心型の代表的なアクティブラーニングの戦略である。
> - 問題解決学習とは、実世界で直面する問題やシナリオの解決を通して、基礎と実世界とを繋ぐ知識の習得、問題解決に関する能力や態度等を身につける学習のことである。
> - プロジェクト学習とは、実世界に関する解決すべき複雑な問題や問い、仮説を、プロジェクトとして解決・検証していく学習のことである。学生の自己主導型の学習デザイン、教師のファシリテーションと、問題や問い、仮説などの立て方、問題解決に関する思考力や協働学習等の能力や態度を身につける。
> - 二つのPBLの類似点には、①実世界の問題解決に取り組む、②問題解決能力を育てる、③解答は一つとは限らない、④自己主導型学習を行う、⑤協働学習を行う、⑥構成的アプローチを採る、がある。
> - 学術的には、探究的な学習、総合的な学習の時間は、(生徒版の)研究活動(research)を特徴とするプロジェクト学習に相当する。ここでの「探究的な学習」は習得－活用－探究に位置づけられた学習であり、厳密な意味では、IBL(探究的な学習: inquiry-based learning)とは異なる。

文献

Barrows, H. S. (1985). *How to design a problem-based curriculum for the preclinical years.* New York: Springer.

Barrows, H. S. (1986). A taxonomy of problem-based learning methods. *Medical Education*,

20(6), 481-486.
Barrows, H. S. (1996). Problem-based learning in medicine and beyond: A brief review. In L. Wilkerson, & W. H. Gijselaers (Eds.), *Bringing problem-based learning to higher education: Theory and practice* (pp.3-12). San Francisco: Jossey-Bass.
Bell, S. (2010). Project-based learning for the 21st century: Skills for the future. *The Clearing House*, 83(2), 39-43.
Chan, L. C. (2008). The role of a PBL tutor: A personal perspective. *The Kaohsiung Journal of Medical Sciences*, 24(3), S34-S38.
Donnelly, R., & Fitzmaurice, M. (2005). Collaborative project-based learning and problem-based learning in higher education: A consideration of tutor and student role in learner-focused strategies. 参照日2015年11月20日　http://arrow.dit.ie/cgi/viewcontent.cgi?article=1006&context=ltcbk
Entwistle, N., McCune V., & Walker, P. (2010). Conceptions, styles, and approaches within higher education: Analytic abstractions and everyday experience. In R. J. Sternberg, & L. F. Zhang (Eds.), *Perspectives on thinking, learning, and cognitive styles* (pp.103-136). New York: Routledge.
橋本美保(2012).「幼少連携とプロジェクト活動―教育情報の伝達とその困難―」田中智志・橋本美保(著)『プロジェクト活動―知と生を結ぶ学び―』東京大学出版会. 93-116頁.
Hmelo-Silver, C. E. (2004). Problem-based learning: What and how do students learn? *Educational Psychology Review*, 16(3), 235-266.
Hung, W. (2011). Theory to reality: A few issues in implementing problem-based learning. *Educational Technology Research and Development*, 59(4), 529-552.
Marton, F., & Säljö, R. (1976). On qualitative differences in learning: I: Outcome and process. *British Journal of Educational Psychology*, 46, 4-11.
Mills, J. E., & Treagust, D. F. (2003). Engineering education: Is problem-based or project-based learning the answer? *Australasian Journal of Engineering Education*, 3(2), 2-16.
溝上慎一 (2014).『アクティブラーニングと教授学習パラダイムの転換』東信堂.
溝上慎一 (2015).「生徒タイプの分析から見えてくる高校生の特徴」溝上慎一 (責任編集)　京都大学・河合塾 (編)『どんな高校生が大学、社会で成長するのか―「学校と社会をつなぐ調査」からわかった伸びる高校生のタイプ―』学事出版, 14-32頁.
奈須正裕 (2015).「コンピテンシー・ベイスの教育と教科の本質」奈須正裕・江間史明 (編)『教科の本質から迫るコンピテンシー・ベイスの授業づくり』図書文化, 8-34頁.
日本図書館協会図書館利用教育委員会・図書利用教育ハンドブック学校図書館 (高等学校) 版作業部会 (2011).『問いをつくるスパイラル―考えることから探究学習をはじめよう！―』日本図書館協会.

Savery, J. R.（2006）. Overview of problem-based learning: Definitions and distinctions. *Interdisciplinary Journal of Problem-Based Learning*, 1(1), 9-20.

Smith, P. L., & Ragan, T. J.（2005）. *Instructional design*. 3rd edition. Hoboken, N.J.: John Wiley & Sons.

Spronken-Smith, R., Walker, R., Batchelor, J., O'Steen, B., & Angelo, T.（2012）. Evaluating student perceptions of learning processes and intended learning outcomes under inquiry approaches. *Assessment & Evaluation in Higher Education*, 37(1), 57-72.

田中智志・橋本美保（2012）.『プロジェクト活動―知と生を結ぶ学び―』東京大学出版会

Thomas, J. W.（2000）. A review of research on project-based learning.
参照日2015年8月4日：http://www.newtechnetwork.org.590elmp01.blackmesh.com/sites/default/files/dr/pblresearch2.pdf

上杉賢士（2010）.『プロジェクト・ベース学習の実践ガイド―「総合的な学習」を支援する教師のスキル―』明治図書.

ウッズ, D. R. 新道幸恵（訳）（2001）.『PBL (Problem-based Learning) ―判断能力を高める主体的学習―』医学書院.

●さらに学びたい人に

■田中智志・橋本美保（2012）.『プロジェクト活動―知と生を結ぶ学び―』東京大学出版会.
▶プロジェクト学習を、デューイの問題解決の過程に見られる反省的思考と専心活動から成るプロジェクト活動としてとらえる。デューイの「社会的生活」、すなわち、人間の経験が本来的にもつべき空間的・歴史的な拡がり、人がこの世界と共に在るという意味での「協働」を含んだ概念としてプロジェクト活動が説かれる。「知と生を結ぶ学び」という副題もいい。PBLや探究的な学習を、生徒学生を卒業後の仕事・社会へと繋げていくための学習の思想的基盤を与えてくれる。

●上杉賢士（2010）.『プロジェクト・ベース学習の実践ガイド―「総合的な学習」を支援する教師のスキル―』明治図書.
▶著者は、米国のプロジェクト学習を推進するチャータースクール等に学びながら、日本でプロジェクト学習(PBL)を主唱している第一人者。日本PBL研究所理事長でもある。プロジェクト学習を推進する理論的背景から、実践するための6つの基本スキルまで幅広くまとめられている。

第2章

問題解決や課題探究のための情報リテラシー教育

長澤　多代（三重大学）

第1節　アクティブラーニングへの転換と大学図書館

　近年、アクティブラーニングへの転換や学修時間の確保を主軸とする大規模な教育改革が進められる中で、2012年に中央教育審議会が発表した『新たな未来を築くための大学教育の質的転換に向けて』(答申)では、アクティブラーニングの基盤となる図書館の機能強化の必要性を指摘している。

　大学図書館は、人類が蓄積してきた知識を収集し、扱いやすいように組織化し、保存したり利用者に提供したりする機関である。主な使命は、学生や教職員が多様な知識(学術情報)を効果的かつ効率的に利用できるように支援することによって、学習活動や研究活動の成果の向上につなげることである。冒頭の答申は具体的な機能について言及していないが、2009年に科学技術・学術審議会が発表した『大学図書館の機能について』(審議のまとめ)では、主体的な学習の成果の向上を図るために、情報リテラシー教育を提供したりラーニングコモンズを整備したりする必要があるとしている。文部科学省のウェブページでは、「大学図書館における先進的な取り組みの実践例」として、多様な大学の事例を紹介している。

　この章では、アクティブラーニングのうち、レポートやプレゼンテーションなどの問題解決や課題探究を組み入れた授業と大学図書館が提供する情報リテラシー教育その他のサービスとのかかわりを説明する。

第2節　情報リテラシーの定義と基準

(1)ジェネリックスキルの基盤となる情報リテラシー

　情報社会の到来によって、インターネットなどの情報通信技術が発達し、情報利用やコミュニケーションの面で多大な恩恵をもたらした。その一方で、必要な情報を的確に入手することが難しくなるとともに、何らかの事情により情報を活用できずに不利益をこうむる人々もいるなど情報格差の問題を生みだした。また、社会の変化が激しくなる中で、工業社会の時代と比べて学んだ知識が通用する期間が大幅に短縮し、生涯にわたって学び続けることが求められるようになった。情報リテラシーを身につけることは、情報の生産や消費を中心とする情報社会において、情報格差の解消や生涯学習の備えにつながる。

　大学図書館では、情報探索の知識やスキルを中心として、学生の情報リテラシーの習得や向上を図ってきた。情報リテラシーの定義は多くあるが、『高等教育のための情報リテラシー基準(2015年版)』では、「高等教育の学びの場において必要と考えられる情報活用能力」として、次のように定義している(国立大学図書館協会，2015)。

> 課題を認識し、その解決のために必要な情報を探索し、入手し、得られた情報を分析・評価、整理・管理し、批判的に検討し、自らの知識を再構造化し、発信する能力

　これは課題の認識から情報の発信までの幅広い情報利用を包含している。ジェネリックスキルの多くの要素を含むものであり、その基盤となる。

> ジェネリックスキルの育成については、**第6巻**の「**現代社会とアクティブラーニング**」と題する**第2章**(**成田秀夫**)でも論じています。

各巻との関連づけ

(2) 情報リテラシーの概念の変遷

　情報リテラシーを初めて提唱したのはザーコフスキーで、1974年に図書館情報学の中央委員会に提出した計画書の中で次のように述べている[1]。

> 自らの仕事に情報資源を活用できるように訓練された人々が情報リテラシーを身につけた人と見なされる。そのような人々は情報を用いて自身の問題を解決するために、情報そのものだけでなく、情報利用のための多様なツールを利用する手法とスキルを身につけている。

　この定義では、情報リテラシーを仕事の場に限定しているが、1979年には、情報産業協会が仕事の場に限定しない定義を発表し、「問題解決のために情報探索のツールを利用する手法とスキルを知っている人」であるとした。同年に、テイラーも『Library Journal』で情報リテラシーの定義を紹介している。その要点は、情報の利用によって多くの問題を解決できること、人々や組織を含む情報資源に関する知識を持っていること、情報を入手する戦略を身につけていることである。1970年代にいくつかの定義が提唱されたが、その多くは具体的な知識やスキルを示したものではなかった。

　1982年には、ホートンが『Time』上でコンピュータを用いた問題解決をコンピュータ・リテラシーと論じる中で、情報リテラシーがコンピュータ・リテラシーよりも広い概念であるとした。1986年には、デモが、電子出版や衛星通信、オンラインデータベースなどの新しい技術に精通するためには、

新しい知的なスキルが必要になり、これが情報リテラシーであるとした。そして、必要なスキルを持った人だけが情報社会から十分な恩恵を受けることができ、情報リテラシーが生涯学習の必要条件になると指摘した。

1989年には、米国図書館協会の情報リテラシー委員会が『情報リテラシー』という報告書を出し、「情報リテラシーを身につけた人とは、情報を必要とするときにその必要性を認識し、情報を効果的に探索し、評価し、活用する能力を備えた人のこと」と定義した。その中で、情報リテラシーを向上させるためには、教科書や講義による学習だけでなく、情報資源を基盤とした学習プロセスへの転換が必要になること、これによって、学生が批判的思考を向上させるだけでなく、生涯学習のため、職業人として市民としての責務をよりよく果たすための資質を身につけることになると指摘している(Behrens, 1994；瀬戸口, 2001)。

1990年代には、1980年代の報告書が示した情報リテラシーの定義が広く受容された。情報リテラシーは図書館関係者が生涯学習社会に貢献しうるものとして、図書館界の主要な課題となり、よりよい情報リテラシー教育を実現するために、学校図書館や大学図書館関係の団体が情報リテラシーの基準を発表した。高等教育については、1999年に英国で『高等教育における情報スキル』を、2000年に米国で『高等教育のための情報リテラシー能力基準』を発表している。以後、英国では2011年に、米国では2015年に、改訂版を発表した(SCONUL, 2011；ACRL, 2015)。日本の国立大学図書館協会もこれらを参照して、『高等教育のための情報リテラシー基準(2015年版)』を発表した。

> **各巻との関連づけ** 　**第4巻**の「**アクティブラーニングの背景**」と題する**第1章(溝上慎一)**では、アクティブラーニング等によって育てようとしている技能・態度(能力)は、より正確には「情報・知識リテラシー」として、またそれは①情報の知識化、②知識の活用、③知識の共有化・社会化、④知識の組織化・マネジメントから成るものとして説明しています。

(3) 高等教育における情報リテラシーの基準

『高等教育のための情報リテラシー基準(2015年版)』では、情報リテラシーを身につけた学習者の行動指標を次のように設定している(国立大学図書館協会，2015)。

---

①課題を認識する：課題を認識し、その解決に必要な情報の範囲を定める。

②情報探索を計画する：課題を解決するために必要な情報を合法的・社会倫理的に適切に、かつ経済的・効率的に探索する計画を立てる。

③情報を入手する：探索計画に基づき、課題を解決するために必要な情報を適切・効率的に入手する。

④情報を分析・評価し、整理・管理する：収集した情報を批判的に分析・評価し、情報を整理・管理する。

⑤情報を批判的に検討し、知識を再構造化する：整理した情報を批判的に検討することで自らの知識を再構造化する。

⑥情報を活用・発信し、プロセスを省察する：社会倫理に則り、合法的に情報を活用・発信し、情報の受け手と適切なコミュニケーションを行う。また、情報活用行動全体を省察する。

この6つの場面からなる情報活用行動プロセスの中心に振り返りを位置づけ、各場面とレベルを提示している(図2-1を参照)。場面の境界が点線になっており、どの場面もプロセスを振り返りながら、また、他の場面とのつながりを持ちながら学習を進めることをわかりやすく示している。

英国では、SCONULが情報リテラシーを備えた人の7つの柱を提唱している(SCONUL，2011)(図2-2を参照)。柱を支える土台の部分は個人の素質、背景、経験等を含んでおり、これらが情報リテラシーの向上に影響を与えることを示している。

いずれの基準も、情報探索だけでなく、情報ニーズの特定から情報発信や

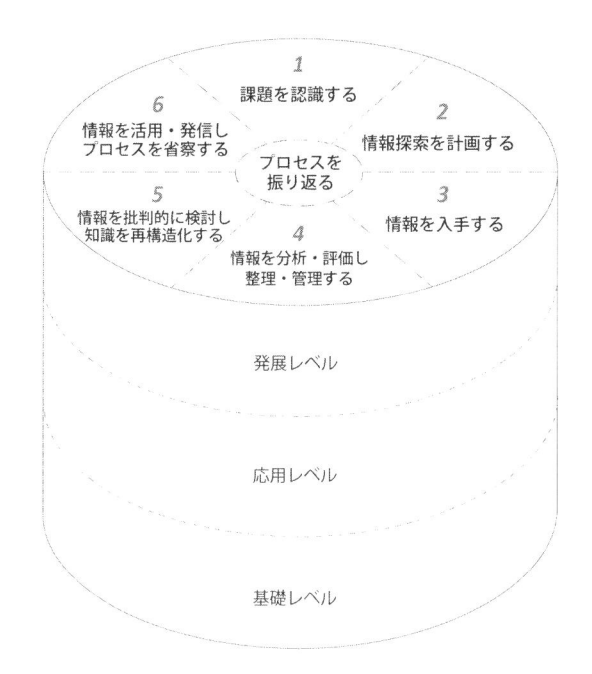

図2-1 情報活用行動プロセス
*国立大学図書館協会(2015)より

評価までの学習プロセスや情報倫理を含めて情報リテラシーを説明している。行動指標や柱のもとには、それぞれ、「情報の種類や特徴を把握する」、「必要な情報の範囲に照らし合わせて適切な情報を取捨選択する」などの細分化した指標を示している。これらの指標については、授業科目の学習目標としたり、レポートやプレゼンテーションの評価指標としてルーブリックに組み入れたりして使用することができる。

> ルーブリックについては、**第3巻『アクティブラーニングの評価』**所収の、1章「アクティブラーニングをどう評価するか」(松下佳代)、2章「初年次教育におけるレポート評価」(小野和宏・松下佳代)、4章「英語科におけるパフォーマンス評価」(田中容子)でも説明しています

各巻との関連づけ

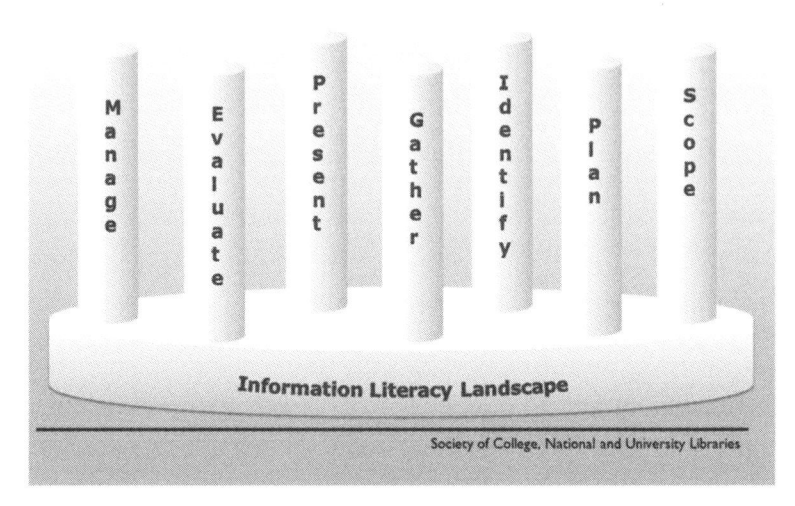

図2-2 SCONULの情報リテラシーの7つの柱

*SCONUL (2011) より

第3節　情報リテラシー教育の理論的枠組み

(1) 情報リテラシー教育の枠組み

　大学図書館では、学生の情報リテラシーの習得や向上を支援する図書館利用教育を実施してきた。近年では、コミュニティのニーズにより対応した図書館利用教育の概念として、「情報リテラシー教育」を用いるようになった(野末, 2010)。この転換は、図書館利用教育を図書館ではなく学習者の観点から捉え直すことを強調している。

　情報リテラシー教育には、印象づけから、サービス案内、情報探索法、情報整理法、情報表現法の指導までの多様なプログラムが含まれる(表2-1を参照)。学生は、新入生オリエンテーションで図書館の基本的なサービスにつ

いて説明を受けたり、クラス単位で図書館の見学ツアーに参加したり、アクティブラーニング型授業でデータベースの検索法や参考文献の書き方についての講習を受けたりする。すべての大学図書館にすべてのプログラムを提供することが期待されているのではなく、各大学の教育目標や実施体制等の条件をもとに、実現可能なプログラムを決定することになる。

表2-1　情報リテラシー教育の枠組み

領域1	**印象づけ** （図書館の存在・役割・機能）	ポスター、パンフレット、ちらし、オリエンテーション
領域2	**サービス案内** （設備の配置、サービスの種類）	図書館の見学ツアー、館内のサイン、学内の広報誌
領域3	**情報探索法指導** （情報資源の検索、情報の評価）	科目関連指導（授業、ゼミ）、独立科目、チュートリアル、講習会、カウンターでの指導、パスファインダー、独習用ツール、ワークブック、テキストブック
領域4	**情報整理法指導** （要約・引用、記録・発想法）	
領域5	**情報表現法指導** （レポート、口頭発表、著作権）	

＊日本図書館協会図書館利用教育委員会（2003）より

　問題解決や課題探究を組み入れた授業科目とのかかわりが深いのは、領域3、4、5にある科目関連指導である[2]。科目関連指導は、授業科目の学習で必要になる情報の探索法、整理法、表現法について学習するプログラムで、通常は、教員が依頼をして、図書館員が授業時間の一部を使って指導をする（日本図書館協会図書館利用教育委員会, 2003）。

(2) 情報利用プロセス・モデル

　問題解決や課題探究を組み入れた授業科目で情報リテラシーを育成するモデルとして、問題解決や課題探究のプロセスに情報探索、情報整理、情報表現などの情報利用を組み入れたプロセス・モデルがある。代表的なものとして、「情報探索プロセス・モデル」と「Big6スキルズ・モデル」がある。

　クールソが提唱した「情報探索プロセス・モデル」は複雑な課題に取り組む

ときの情報探索のモデルである。初心者の多くが経験する感情、思考、情報行動の変化を6段階で示している。クールソは、高校3年生がレポート課題のために情報を探索するプロセスを、観察とインタビューをもとに分析して、このモデルを構築した(Kuhlthau, 2005；三輪, 2003；2012)(**表2-2**を参照)。

表2-2　情報探索プロセス・モデル

	第1段階	第2段階	第3段階	第4段階	第5段階	第6段階
タスク	開始 initiation	選択 selection	探索 exploration	形成 formulation	収集 collection	提示 presentation
感情	不確定	楽観的	混乱・疑い・フラストレーション	明快	方向性・自信	満足・不満足
思考	漠然───────────────→ 焦点化───────────────→ 　　　　　　　　　　　　　　　関心の増加
行動	適合情報の探索──────────────→ 適切な情報の収集

＊三輪(2012)より

　アイゼンバーグらが提唱した「Big6スキルズ・モデル」は、情報探索をともなう問題解決のプロセスを効果的に進めるモデルである。課題の設定から、情報の探索、獲得、統合、成果とプロセスの評価までの6段階からなる(Lowe & Eisenberg, 2005；三輪, 2003)(**図2-3**を参照)。

　これらのモデルは、いずれも学校教育の文脈で構築されたものだが、大学教育でも用いられている(Eisenberg & Berkowitz, 2005)。

(3) 問題解決や課題探究のプロセスにおける情報リテラシー

　これまでに、クールソやアイゼンバーグらを含む多様なプロセス・モデルが提唱されてきた。これらを次のように整理することができる(**表2-3**を参照)。

第 2 章　問題解決や課題探究のための情報リテラシー教育　33

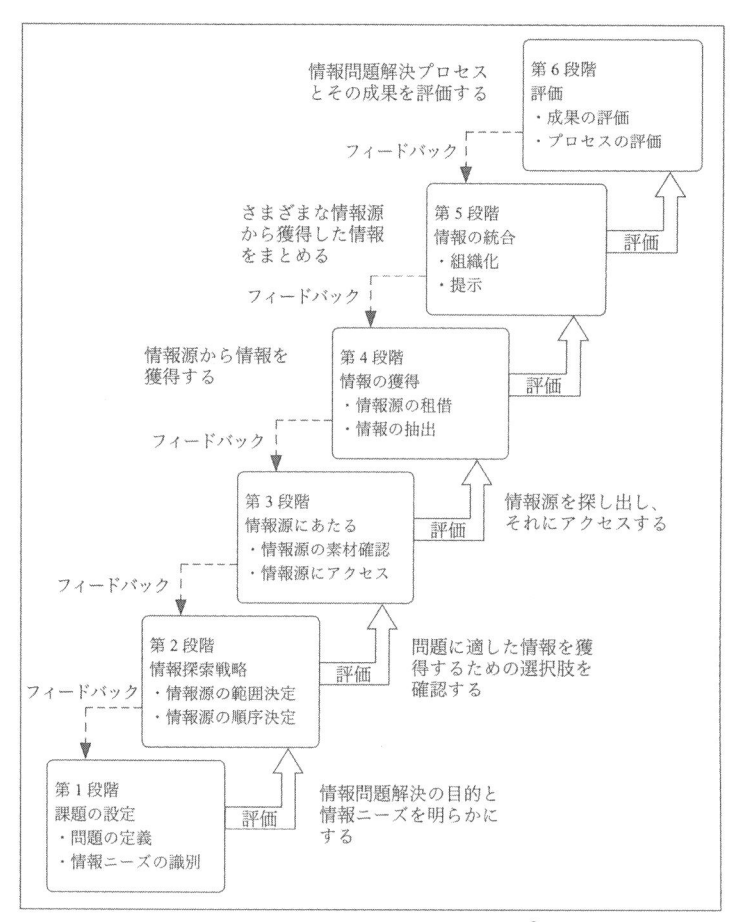

図 2-3　Big6 スキルズ・モデル[3]

*三輪(2012)より

- 課題のテーマを設定する
- 情報探索の手順を考える
- 情報を探索する
- 情報を評価(取捨選択)・統合する
- 情報を表現する
- 成果とプロセスを評価する

表2-3 情報利用に関するプロセス・モデルの比較表[4]

	国立大学図書館協会の基準	SCONULの基準	クールソのモデル	アイゼンバーグのモデル
課題のテーマを設定する	①課題を認識する	Identity	①開始 ②選択 ④形成	①課題の設定
情報探索の手順を考える	②情報探索を計画する	Scope Plan	③探索 ⑤収集	②情報探索戦略
情報を探索する	③情報を入手する	Gather		③情報源にあたる
情報を評価(取捨選択)・統合する	④情報を分析、評価し、整理・管理する	Evaluate		④情報の獲得
	⑤情報を批判的に検討し、知識を再構造化する	Manage		⑤情報の統合
情報を表現する		Present	⑥提示	
成果とプロセスを評価する	⑥情報を活用・発信し、プロセスを省察する			⑥評価

　プロセスの各段階について概説する。「課題のテーマを設定する」では、学生が、与えられたテーマから取り組むテーマを絞り込み、これを問いやキーワードで表現し、計画の大枠を設定する。「情報探索の手順を考える」では、設定したテーマや問いについて、どのような情報源があるか、それらをどのような順序で探索するのかを考える。「情報を探索する」では、多様なデータベースも活用しながら必要な情報源を探索し、適切な情報源を選び出して入手する。「情報を評価(取捨選択)・統合する」では、入手した情報から必要な情報を抽出し、抽出した情報を組み合わせる。「情報を表現する」では、組み

上げた情報を介して他者とコミュニケーションする。「成果とプロセスを評価する」では、組み上げた情報からなる成果物と問題解決や課題探究のプロセスにおける情報利用行動を評価する。

以上の6つの段階は情報利用プロセスの順序に沿っているが、実際には、順を追って直線的に進むとは限らない。各段階を往来しながら、問題や課題の解決に少しずつ近づくことになる。教員は、プロセスの全体や一部を教室内外の学修に組み入れて授業を設計し、必要になる情報リテラシーを育成する(堀川ら，2002)。

第4節　問題解決や課題探究のプロセスにおける情報リテラシーの育成

(1) テーマを設定する

課題のテーマについて、大まかなテーマや答えるべき問いを教員が示すこともあるが、その場合にも、学生自身が具体的なテーマに絞り込むことが必要になる。思いつきだけでなく、関連する学術情報も参照しながら絞り込む。この時点では、課題のテーマについて、辞典や百科事典、Japan Knowledgeという多様な辞書や事典を横断検索できるデータベースなどで基本的な情報を得たり用語の意味を調べたりするとともに、CiNii Articlesという国内で発行された雑誌論文のデータベースでどのような研究成果があるのかを確認したりする。収集した情報については、書きだして視覚化し、テーマについての全体像を得ながら、問いの種を見つける(市古・上岡・保坂，2012)(図2-4を参照)。

(2) 情報探索の手順を考える

設定したテーマによって必要になる情報が異なる。そのテーマについてどのような情報源があるのかを検討し、必要な情報を効果的かつ効率的に探し出すための情報探索の計画を立てる。

計画を立てるときには、図書、雑誌論文、新聞記事、ウェブ情報などを収集するために図書館を利用するのかデータベースを利用するのか、特定の人物に

36　第I部　理論編

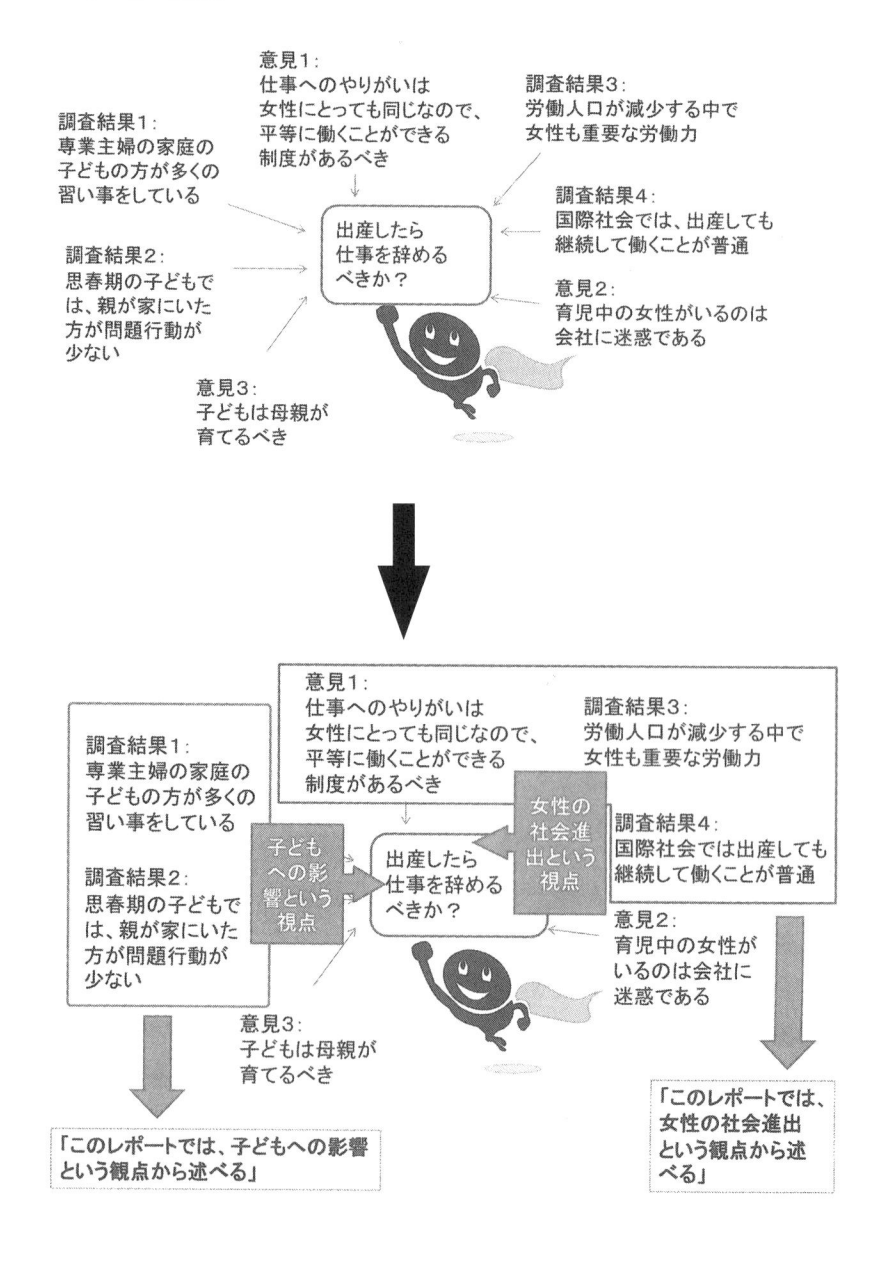

図2-4　アイデア・マップ

＊市古・上岡・保坂 (2012) より

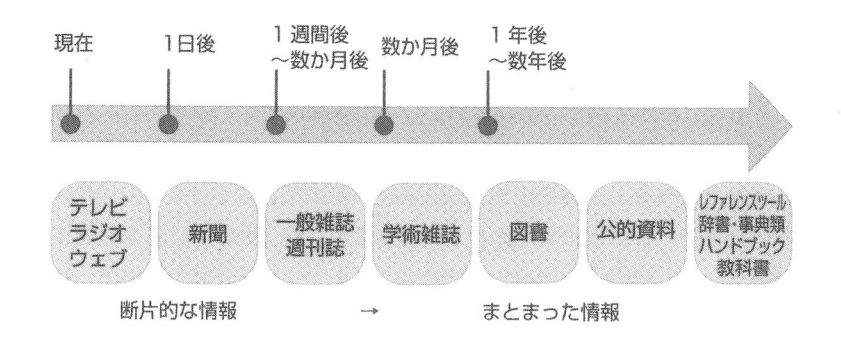

```
現在  1日後  1週間後  数か月後  1年後
          ～数か月後       ～数年後
```

テレビ / ラジオ / ウェブ　　新聞　　一般雑誌 週刊誌　　学術雑誌　　図書　　公的資料　　レファレンスツール 辞書・事典類 ハンドブック 教科書

断片的な情報　　→　　まとまった情報

図2-5　情報の生産と流通の経時的な流れ

*市古・上岡・保坂(2012)より

聞き取りをしたり、観察をしたり、博物館などの文化施設に行ったりして関連する情報を収集するのか、などを決める。地域の文化や産業について調べるときには、その地域の公共図書館(都道府県立図書館や市町村立図書館)が所蔵する地域資料を利用するのも有効である。聞き取りや観察によって情報を収集する場合にも、入手できる情報をもとに下調べをしておくことが必須となる。

　情報の新しさや対象範囲は情報源によって異なる(図2-5を参照)。テレビやウェブ情報は、速報性に優れているが、情報量が少なく、断片的である(市古・上岡・保坂，2012)。学術雑誌や図書は、速報性はないが、体系的な情報で、時間をかけて評価された情報資源にもとづくために、信頼性が高い。一般に、雑誌論文は限定されたテーマを、図書はより広いテーマを扱っている。紙の資料だけでなく、視聴覚資料や電子資料など多様なメディアで学術情報を利用することができる。

(3)情報を探索する

　情報探索の計画をもとに、情報を収集する。図書館が所蔵する文献を検索できる蔵書目録(OPAC)や全国の大学図書館が所蔵する文献を検索できるCiNii BooksやWebcat Plusなどのデータベースを活用して関連する図書を探

したり、前述のCiNii Articlesで学術論文を探したり、新聞記事データベースで過去の新聞記事を探索したりする。Googleを利用する場合には、学術情報だけを検索対象に限定するGoogle Scholarを利用することが望ましい。他に、図書館の本棚にある文献の背表紙を目で追ったり内容を拾い読みしたりするブラウジング法、図書や雑誌論文に引用文献としてあげられている文献を次々と探していくいもづる法などの探索法もある(古賀, 2011)。

　データベースを使って情報を検索するときには、AND検索、OR検索、NOT検索など複数の検索語を組み合わせた論理演算を用いる。これによって、検索漏れやノイズ(不要な情報)を減らすことができる。AND検索では、「アクティブラーニング AND 図書館」という検索式を用いることで、両方の検索語を持つ情報だけが結果として抽出される。OR検索では、「アクティブラーニング OR 主体的学習」など、類似の検索語を一度に検索することができる。NOT検索では、「アクティブラーニング NOT 主体的学習」として、必要のない情報をあらかじめ外しておくことができる。これらを組み合わせて、「(アクティブラーニング OR 主体的学習)AND 図書館」など、複雑な検索式を設定することもできる。検索時には、一つの検索式だけですませるのではなく、多様な検索式を用いて、関連する情報を漏れなく収集する。

　大学に所蔵されていない文献については、相互貸借(ILL)サービスを利用して、雑誌論文のコピーや図書を他大学から取り寄せることができる。図書については、学生自身が図書館に購入希望を出して蔵書に加えることもできる。また、情報探索でわからないことがあれば、レファレンスサービス(参考調査)を利用するなどして、図書館員に相談することができる。教員が科目関連指導などの情報リテラシー教育を申し込めば、クラス単位で、図書館員から情報探索についての指導を受けることもできる。

(4)情報を評価(取捨選択)・統合する

　探索して得た多様な情報を取捨選択したり比較したりして整理し、新しい知識をつくりだす。情報を取捨選択するときには、作成した目的は何か、想

定している読者は誰か、著者や出版社は誰か、著者や出版社はそのテーマについてどれほどの専門知識を持っているか、内容はどれほど正確なのか、どれほど新しいのか、そのテーマに関する他の情報源と比較してどれほど同じ内容を含んでいるのか、などの点から評価をする(Grassian & Kaplowitz, 2009)。

　本来、選択には創造性をともなう。数学者のポアンカレは「発明とは、無益な組み合わせを排除して、ほんのわずかしかない有用な組み合わせだけを作ることだ。発明とは見抜くことであり、選択することなのだ。」と指摘する。これをもとに、アイエンガーは「選択とは、発明すること。」と唱えている(Iyengar, 2010)。各人が選択した情報は、各人の知識につけ加わることで、独自の新しい知識群をつくりだすことになる。

　選択した情報については、その後の活用に備えて、著者、タイトル、発行年等の書誌情報を記録しておく。

(5) 情報を表現する

　レポートやプレゼンテーションで情報を根拠として利用するときには、引用という方法を用いる。引用は、自分の意見のよりどころとして、他者が書いた文章や事例等を使用することである。引用には、直接引用と間接引用がある。直接引用は情報源の一部をそのままの表現で引用する方法で、間接引用は情報源にある情報を自分の言葉で書き直したり要約したりして引用する方法である。いずれの場合も、引用部分がわかるようにする。引用した文献については、著者名やタイトルなどの書誌情報を、定められたルールにもとづいて文末などに記す(井下，2013)(図2-6を参照)。

　他者の考えや主張を明記せずに用いることは、自分の意見として述べていることになるために、剽窃であり、著作権の侵害になる。剽窃はカンニングと同様に不正行為である。剽窃が明らかになり、学期中に履修登録していたすべての単位が無効になった例もある。近年では、コピペした部分を検出するソフトウエアも普及し、教員が評価する前に、これで内容を確認してから受けつける例も見られるようになった。

直接引用の例Ⅰ：短文の場合

> 職人がよい材料をもとによい成果物を作り出すように大学生もよい取材をして，テーマに適した正確な情報を集めることが重要になる。その理由は，「どれだけの情報を，どんなふうにあつめるか—それが学問の優劣を決める」[1]ためである。
>
> （引用部分を「」に入れて、注番号をつける）
>
> （文章の最後に、番号順に書誌事項をつける）
>
> ────────
> 1)　加藤秀俊(1975).『取材学：探求の技法』. 中央公論社, 14頁

直接引用の例Ⅱ：長文の場合

> 加藤秀俊は，取材の中で，職人が材料を見分ける技術を重視していることに気が付いた。
>
> 　　職人さんというのは，技術陣であり，したがってわたしは，かれらとの会話でその技術のコツのごときものを教えてもらえる，と思い，かつそれを期待していたのだが，その期待はみごとに裏切られた。技術論をきくためにいったつもりなのに，会話はしばし材料論に終始した[2]。
>
> （引用部分を2マスほど下げる）
>
> ────────
> 2)　加藤秀俊(1975).『取材学：探求の技法』. 中央公論社, 6頁

関節引用の例

> 【資料の原文】タルつくりだの織物だの，そういう一連の職人さんたちが「もの」の職人だとするなら，ものを書いたり，しゃべったりする人たちは「情報」の職人なのだ，といってもよい。仕入れてくる情報の種類と質—それが文筆のしごとにとっても決定因なのだ。取材がどれだけじょうずか，が作品の出来栄えを決める。
>
> 社会学者の加藤は，職人が「もの」の職人だとするなら，文筆家は「情報」の職人であると指摘する。仕入れてくる情報の種類と質が成果物の質を決めるというのである[3]
>
> （資料の原文を自分の言葉で書き直した部分）
>
> ────────
> 3)　加藤秀俊(1975).『取材学：探求の技法』. 中央公論社, 8頁

図 2-6　本文中における引用

(6) 成果とプロセスを評価する

評価の対象となるのは、問題解決や課題探究のプロセスと、その結果として得られたレポートやプレゼンテーションなどの成果物である。ポートフォリオなどを用いて効率も含めてプロセスを評価し、ルーブリックなどを用いて効果も含めて成果物を評価する(Eisenberg & Berkowitz, 2005; 堀川ら, 2002; 井下, 2013)。評価の指標として、情報リテラシーの基準を活用することができる。評価は、プロセスの最終段階だけでなく、各段階でも行う(三輪, 2003)。

第5節　問題解決や課題探究を組み入れた授業の設計と運営

(1) 教員と図書館員の連携

問題解決や課題探究のプロセスを組み入れた授業の中で学生の情報リテラシーをよりよく育成するために、教員は、大学図書館が実施する科目関連指導などの情報リテラシー教育を組み入れたり、大学図書館が提供するサービスを利用するように学生に伝えたりする。だが、多くの図書館関係者が、授業と情報リテラシー教育との関連づけや教員と図書館員の連携がなければ、高い学修成果が得られないことを指摘してきた(Julien & Given 2003)。授業の設計や運営において教員と図書館員が連携することが、高い学修成果を得るための必要条件になる。

(2) 授業設計：関連文献や情報リテラシー教育の準備

授業の設計時には、授業で必要になる文献を図書館に整備したり、図書館員と打ち合わせをしたりする。

授業科目や課題のテーマに関する文献については、大学図書館の所蔵を確認し、なければ、教員による推薦図書として大学図書館に注文する。また、科目関連指導を申し込み、事前に図書館員と打ち合わせをして、課題のテーマや学習目標について伝える。これをもとに、図書館員は、課題のテーマに関連する文献やデータベースを組み入れるなど、各授業科目にカスタマイズ

した科目関連指導を設計する。その中で、必要に応じて、課題のテーマに関するパスファインダー（情報源や情報探索の手順を示した手引き）を作成する。

科目関連指導の実施日については、課題のテーマが確定した直後に設定する。この時期は、情報の利用に対する学生のモチベーションが高まるために、教える好機となり、高い学修成果につながる。その一方で、課題のテーマが決まっていない学期始めは適さない。この段階では、課題に取り組むまでに時間がありすぎ、学生のモチベーションが高くないために、説明を受けても、課題に取り組むときには忘れてしまっている。学生は、探索する情報について具体的なイメージを持つことで、情報探索を自分の問題として捉え、情報利用に対して高いモチベーションを持つようになる（長澤, 2012）。

(3) 授業運営：教室内外における学習の方向づけ

授業の中で、教員は学生に問題解決や課題探究のプロセスの全体像を伝えたり、学生の進捗状況を確認して必要な方向づけを与えたりする。

科目関連指導の当日には、出張を入れたり、図書館員任せにしたりせずに、教員もかならず同席する。教員の在否は学生の学習意欲や態度に大きな影響を与える。必要に応じて、科目関連指導の学習内容と課題との関連について教員の立場から補足説明したり、学生の理解を促すような質問をしたりする。

科目関連指導で学習した情報の利用法をすぐに実践に結びつけられない学生もいるために、授業の中で、教員からも情報の利用を問題解決や課題探究のプロセスに位置づけて繰り返し説明する。また、情報探索で不明な点があれば、いつでも図書館員に相談するように伝える。

学期初めに授業計画について説明する時には、教室外学修の指示に加えて、大学図書館ほか学内で利用できる学習支援環境についても伝える。グループで相談しながら課題に取り組むことも多いために、話し合いもできるラーニングコモンズのような場所についても案内する。教員自身が教育や研究のために大学図書館とそのサービスを日常的に利用することで、利用者の視点も加えて、より具体的な案内をすることができる。

まとめ

- アクティブラーニングへの転換が図られる中で、情報リテラシー教育の実施やラーニングコモンズの整備など、その基盤となる大学図書館の機能強化が求められている。
- 情報リテラシーは、課題を認識し、その解決のために必要な情報を探索し、入手し、得られた情報を分析・評価、整理・管理し、批判的に検討し、自らの知識を再構造化し、発信する能力を意味する。ジェネリックスキルの多くの要素を含むものであり、その基盤となる。
- 問題解決や課題探究を組み入れた授業科目で情報リテラシーを育成するモデルとして、プロセス・モデルがある。その構成は、(1)課題のテーマを設定する、(2)情報探索の手順を考える、(3)情報を探索する、(4)情報を評価(取捨選択)・統合する、(5)情報を表現する、(6)成果とプロセスを評価する、という6段階からなる。
- プロセス・モデルの6つの段階は情報利用のプロセスの順序に沿っているが、順を追って直線的に進むとは限らず、各段階を往来しながら、問題や課題の解決に少しずつ近づく。
- 高い学修成果を得るために、教員と図書館員が事前に打ち合わせをして、各授業科目にカスタマイズした情報リテラシー教育(科目関連指導)を設計する。
- 教員は、図書館員と連携して、大学図書館が実施する科目関連指導などの情報リテラシー教育を授業に組み入れたり、大学図書館が提供するサービスを利用するように学生に伝えたりしながら、学生の情報リテラシーを育成する。

注

1 本章中にある外国人名のカナ表記について、図書館情報学関係の文献で統一した表記を確認できなかったために、日外アソシエーツの『新・アルファベットから

引く外国人名よみ方字典』(2013)による表記を用いた。
2 日本図書館協会図書館利用教育委員会は、学科関連指導という名称を用いているが、course-related instructionの訳であるために、ここでは、科目関連指導という表現を用いている。
3 三輪は、アイゼンバーグらの説明内容をもとに、この図を作成している(三輪, 2012；Eisenberg et al., 1990)。
4 このうち、KuhlthauとEisenbergらのモデルについては、Loweらが作成した表を参照している(Lowe et al., 2005)。

文献

ACRL: Association of College & Research Libraries (2015). *Framework for information literacy for higher education* (ACRL MW15 Doc 4.0).

Behrens, S. J. (1994). A conceptual analysis and historical overview of information literacy. *College and research libraries*, 55(4), 309-322.

Eisenberg, M. B., & Robinson, L.I. (Eds.) (2005). *The Bige collection: The best of the Big6 eNewsletter*. Worthington: Linworth Books.

Eisenberg, M. B. & Berkowitz, R. E. (1990). *Information problem solving*. Norwood: Ablex.

Grassian, E.S., & Kaplowitz, J. R. (2009). *Information literacy instruction: Theory and practice. 2nd ed.* New York: Neal-Shuman.

堀川照代・河西由美子・斎藤陽子・東海林典子・福永智子・山内祐平(2002).『学習指導と学校図書館』樹村房.

市古みどり・上岡真紀子・保坂睦(2014).『資料検索入門―レポート・論文を書くために―』慶應義塾大学出版会.

井下千以子(2013).『思考を鍛えるレポート・論文作成法』慶應義塾大学出版会.

Iyengar, S. (2010). *The art of choosing*. New York: Twelve. アイエンガー, S.(2010).『選択の科学』(櫻井祐子訳)文藝春秋.

Julien, H., & Given, L. (2003). Faculty-librarian relationships in the information literacy context. *The Canadian journal of information and library science*. 27(3), 65-87.

古賀崇(2011).「学術文献の探索と評価」小山田耕二・日置尋久・古賀崇・持元江津子『研究ベース学習』コロナ社, 74-117頁.

国立大学図書館協会(2015).『高等教育のための情報リテラシー基準(2015年版)』

Kuhlthau, C.C. (2005). Kuhlthau's information search process. In K. E. Fisher, S. Erdelez & Mckechnie (Eds.), *Theories of information behavior* (pp.230-234). Medford: Information Today.

Lowe, C., & Eisenberg, M. B. (2005). Big6 skills for information literacy. In K. E.

Fisher, S. Erdelez & Mckechnie (Eds.), *Theories of information behavior* (pp.63-68). Medford: Information Today.
三輪眞木子(2003).『情報検索のスキル―未知の問題をどう解くか―』中央公論社.
三輪眞木子(2012).『情報行動―システム志向から利用者志向へ―』勉誠出版.
長澤多代(2012).「大学教育における教員と図書館員の連携を促すカスタマイズ型の学習支援―アーラム・カレッジのケース・スタディをもとに―」『日本図書館情報学会誌』192号, 185-201頁.
日本図書館協会図書館利用教育委員会編(2003).『図書館利用教育ハンドブック―大学図書館版―』日本図書館協会.
野末俊比古(2010).「情報リテラシー教育をめぐる理論」日本図書館協会図書館利用教育委員会編『情報リテラシー教育の実践』日本図書館協会, 13-24頁.
SCONUL Working Group on Information Literacy (2011). The SCONUL seven pillars of information literacy: Core model for higher education.
瀬戸口誠(2001).「情報リテラシー概念に関する一考察」『同志社大学図書館学年報』13, 39-68頁.

◉さらに学びたい人に

- 市古みどり(編著) 上岡真紀子・保坂睦(著)(2014).『資料検索入門―レポート・論文を書くために―』慶應義塾大学出版会.
  - ▶大学1, 2年生がレポートや論文を書くために必要な情報の利用法について、テーマの設定から多様なデータベースを使った情報検索法や引用の方法までを具体例を示しながら説明している。
- 三輪眞木子(2003).『情報検索のスキル―未知の問題をどう解くか―』中央公論社.
  - ▶未知の問題に取り組むためには、情報を獲得しながら新しい解決策を生みだすことが必要になるとして、問題解決をプロセスと捉え、情報行動研究の成果にもとづいたプロセス・モデルを解説している。
- 大島弥生・池田玲子・大場理恵子・加納なおみ・高橋淑郎・岩田夏穂(2014).『ピアで学ぶ大学生の日本語表現―プロセス重視のレポート作成―』第2版　ひつじ書房.
  - ▶初めてレポートを作成する大学生を主な対象として、テーマの設定から、情報の探索、アウトラインや段落の作成、レポートの作成や口頭発表、成果とプロセスの評価までのプロセスを、段階ごとに具体例を用いて説明している。

第3章 高校での探究的な学習の展開

成田　秀夫（河合塾）

第1節　高校での探究的な学習

　この章では、高等学校における「探究的な学習」について、その意義と背景を概観するとともに、生徒の探究的な学習を促す教育をどのようにデザインするかについて、高大接続を視野に入れて検討したい。また、探究的な学習は主に「総合的な学習」の時間の中で行うことが想定されているが、教科との連携、評価の仕方など、探究的な学習が抱えている課題について概観したい。

(1) 探究的な学習とは

　まず、「探究的な学習」について、文部科学省(2013)『今、求められる力を高める総合的な学習の時間の展開(高等学校編)』をもとに、その概要を確認してみよう。

　同書は、その「まえがき」に示されているように、2009年に行われた学習指導要領の改訂で提起された「総合的な学習の時間」での探究的な学習への取り組みが「当初の趣旨・理念がかならずしも十分に達成されていない」という課題に応えるためにまとめられたものである。

　同書の「第1節　学習指導の基本的な考え方」では、「総合的な学習の時間の改訂の趣旨を実現するためには、問題解決的な活動が発展的に繰り返される探究的な学習とすること、他者と協同して課題を解決する協同的な学習とす

ることが重要である。加えて体験活動を重視するとともに、思考力・判断力・表現力等をはぐくむ言語活動の充実を図ることが欠かせない。さらには、各教科・科目等との関連を意識した学習活動を展開する」と述べられおり、ポイントを箇条書きにすると、次のようになる。

1．探究的な学習
2．協同的な学習
3．体験活動の重視
4．言語活動の充実
5．各教科・科目との連携

同書は総合的な学習の指南書という体裁を取っているが、サブタイトルが「総合的な学習の時間を核とした課題発見・解決能力、論理的思考力、コミュニケーション能力等向上に関する指導資料」とあるように、現代社会で求められている力を育成することに主眼があると言えよう。そして、現代社会を力強く生きるために必要な力の養成と不可分である「探究的な学習」は、下記のような「問題解決的な活動が発展的に繰り返されていく一連の学習活動」であるとされている。

①【課題の設定】体験活動などを通して、課題を設定し課題意識をもつ
②【情報の収集】必要な情報を取り出したり収集したりする
③【整理・分析】収集した情報を、整理したり分析したりして思考する
④【まとめ・表現】気づきや発見、自分の考えなどをまとめ、判断し、表現する

こうした学習活動を何度も繰り返すことで、スパイラルに学びが深まっていく様子を図示したものが図3-1である。

48　第Ⅰ部　理論編

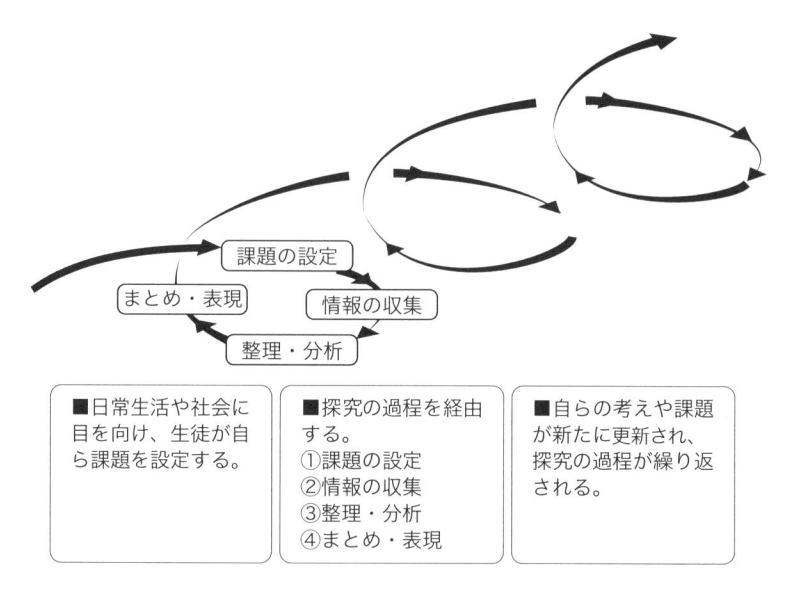

図3-1　探究的な学習における生徒の学習の姿

（図中テキスト）
- 課題の設定
- 情報の収集
- 整理・分析
- まとめ・表現

■日常生活や社会に目を向け、生徒が自ら課題を設定する。

■探究の過程を経由する。
①課題の設定
②情報の収集
③整理・分析
④まとめ・表現

■自らの考えや課題が新たに更新され、探究の過程が繰り返される。

　このように探究的な学習は問題発見、課題解決を主軸としたものであるが、「学力の3要素」の観点から捉え直すと、教科で学んだ「知識」や自分で調べた「知識」を活用しながら、問題を発見し解決策を考える中で「思考力・判断力・表現力」を鍛え、他者と協働しつつ自ら進んで取り組むことで「主体性・多様性・協働性」を育むことが目指されていると言うことができるだろう。こうした観点から整理すると、現在進められている「高大接続教育改革」とも深く結びつくものである。

（2）探究的な学習が求められる背景

　では、なぜこのような探究的な学習が求められるようになったのだろうか。この点についても前掲書の「はじめに」で簡潔に述べられているので、引用しておこう。

> 　総合的な学習の時間は、変化の激しい社会に対応して、自ら課題を見付け、自ら学び、自ら考え、主体的に判断し、よりよく問題を解決する資質や能力を育てることなどをねらいとすることから、思考力・判断力・表現力等が求められる「知識基盤社会」の時代においてますます重要な役割を果たすものです。

　繰り返すまでもなく、社会のあり方が大きく変わったのである。高度経済成長期までの日本社会では、標準化された知識を効率よく身につけうまく社会に順応していけばよかったが、グローバル化した変化の激しい現代社会では、多様性や新規性が求められたり、個性を発揮しつつ人脈を形成したり、かつてと異なった能力や資質が求められるようになってきた。単に人と協調するというような同調性ではなく、ネットワークを作って異質なものをつなぎながら生きていくことが求められている。とくに「知識基盤社会」と言われる現代社会では、新しい知識・情報・技術が社会のあらゆる領域での活動の基盤となり、さまざまな知識を組み合わせながら問題を解決することが求められている。

　こうした中で、とくに理系では、大学で学んだ知識が役に立たなくなる、いわゆる「知識の半減期」がますます早くなり、卒業後も常に新しい知識を学び続けなければならなくなった。となれば、知識を体系的に教えることも大切だが、それにも増して「自ら学ぶ力」を養成しておく必要が必須になってくる。さらに、何を学ぶかをいちいち指示しなくても、解決すべき問題を理解し、それに関する知識を自ら探索し、理解することも必要になる。

　これらのことは、高度な専門的職業や研究者、先端的な仕事において求められるだけではない。程度の差はあるにせよ、ごく普通の仕事を行ううえでも必要とされることである。たとえば、活気を失ってしまった地方の商店街を再興するという場合であっても、何が問題であるか、その原因は何か、実効性のある解決策は何かなどについて考えることは、そこに住む一般の市民

にとっても重要な課題であろう。

　こうした社会の要請に応えるために、あるいはこうした社会のなかで若者がタフに生きていくことができるようになるために、他者と協働しつつ自ら進んで問題を解決する力を学校教育の中で育成することが求められているのだ。

(3)「習得」と「探究」をつなぐ「活用」

　しかし、こうした認識は以前からあったものである。2009年に行われた学習指導要領の改訂に際しても同様の認識が示されている。認知科学者の市川伸一は、日本の初等中等教育を概観し、児童生徒が授業を理解できないタイプを2つに分類している。一つは、かつての「詰め込み」「教え込み」にみられるわからない授業であり、もう一つは、いわゆる「教えずに考えさせる授業」という新タイプのわからない授業である(市川伸一、2013)。後者の授業タイプは、児童生徒が教科の学習の中で探究的な学びを行う際にしばしば取り入れられていたものである。なるほど、児童生徒が自ら進んで探究的な学びを行うのだから、教えずに考えさせることは理に適っているように見える。しかし、極端ないい方をすれば、児童生徒に「ピタゴラスの定理」を発見させようとするものであり、いかにも無理がある。

　そこで、市川は「教えて考えさせる授業」というモデルによって二つの問題を解決することと提案した。「教えて考えさせる授業」とは、教師が予備知識を教え、それをもとにして児童生徒が自分で考え、理解を確認しつつ、知識の定着を促すというものである。市川はこうした授業と予習・復習を通して知識を習得するという「習得サイクル」と同時に、自らの興味・関心に応じて課題を設定し、それを追究する「探究サイクルの学習」の双方を車の両輪として回すことの重要性を指摘している(図3-2を参照)。

　市川の提起した「習得」と「探究」を踏まえ、安彦はそこに知識の「活用」を設けることで、習得から探究へ橋渡しすることを提案した(安彦、2014)。

　安彦は活用を、教科の学習の中で行う「活用Ⅰ」と探究へと架橋する「活用Ⅱ」に分け、活用Ⅰ、活用Ⅱ、探究の関係を次のように整理した(図3-3を参照)。

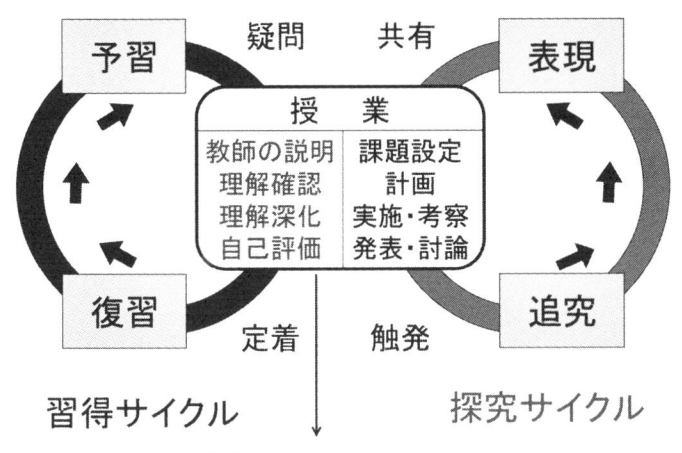

図3-2 習得サイクルと探究サイクル

【活用Ⅰ】
・教科学習で習得した知識・技能のうち、活用させておくほうがよいものを、教師が選んで活用させる。
・教師主導でよい。
・その知識・技能の活用の文脈は、子どもにはすぐわかるような開けた既存の文脈で活用させる。
・子ども全員に、共通に経験させ、達成させる。

【活用Ⅱ】
・教科学習で習得した知識・技能を活用する。
・教師と子どもとが、半々に関わるもの（半誘導的なもの）。
・その活用の基礎にある文脈自体も子どもにはまったく新しいもの個々の子どもによって、達成度は異なっても良いもの。

【探究】
・どんな知識・技能を活用するか、本人しか分からない。
・子ども自身が決めて活用するもの。
・子どもも、新しい文脈でその知識・技能を活用する。
・個々の子どもによって、何を活用しているかは別々でよい。

図3-3 安彦による習得・活用・探究の整理

安彦忠彦 (2014).『「コンピテンシー・ベース」を超える授業づくり(教育の羅針盤)』をもとに作成。

52　第Ⅰ部　理論編

> 第4巻の「大学教育におけるアクティブラーニングとは」と題する**第2章**」(溝上慎一)では、アクティブラーニング型授業を「AL＋講義型」と「AL中心型」に分類して説明しています。

各巻との関連づけ

　教科で学習した知識は、その文脈が変わるとなかなか活用できないものである。たとえば、明治期に書かれた小説を読む際に、日本史や世界史で習った知識を活かせば理解できそうなものであるが、国語と社会の学習を結びつけることがなかなかできない。そこで、小説を読みながら歴史の知識を活用する「問い」を発することで、両者を結びつけ、明治という時代について理解を深めることを促すのである。こうした教科を横断した「問い」を通して、国語や歴史について自分なりの考えを深めつつ、最終的には自ら問いを発することができるようになること、これが「活用Ⅱ」に込めた安彦の意図であろう。

　このように総合的な学習の時間の中で行われる探究的な学習が教科の学習と連携することは、市川も安彦もともに強調するところである。

(4) 探究的な学習と高大接続

　ところで、探究的な学習は高校までの学びで完結するものではない。むしろ、大学での学習や研究活動こそ「探究的」である。ならば、高校での探究的な学習は大学での学習や研究活動とどのように「接続」することができるのだろうか。

　筆者自身は予備校で教鞭を執る傍ら、大学での初年次教育にも関わってきた。日本の大学における初年次教育の役割は多岐にわたっている。図3-4は河合塾(2010)『初年次教育でなぜ学生が成長するのか―全国大学調査からみえてきたこと―』から引用したものであるが、⑥～⑧の内容は、まさに探究的な学習に関わるものである。

　初年次教育の視点からみれば、高校の学習の中で探究的な学習を十分に経験していれば、大学での負担は軽減されるとともに、生徒もスムーズに大学生へと「転換」することができるようになるだろう。極論すれば、高校での探

① 学生生活や学習習慣などの自己管理・時間管理能力をつくる。
② 高校までの不足分を補習する。
③ 大学という場を理解する。
④ 人としての守るべき規範を理解させる。
⑤ 大学の中に人間関係を構築する。
⑥ レポートの書き方、文献探索方法など、大学で学ぶためのスタディスキルやアカデミックスキルを獲得する。
⑦ クリティカルシンキング・コミュニケーション力など大学で学ぶための思考方法を身につける。
⑧ 高校までの受動的な学習から、能動的で自立的・自律的な学習態度への転換を図る。

図3-4　初年次教育の目的

河合塾(2010)『初年次教育でなぜ学生が成長するのか―全国大学調査からみえてきたこと―』をもとに作成。

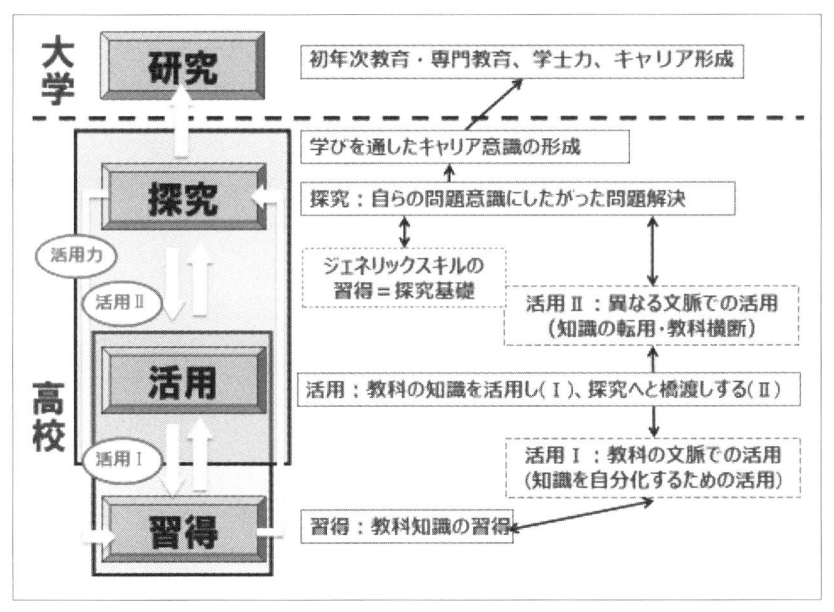

図3-5　高大接続を意識した習得-活用-探究の整理

究的な学習が充実すれば、大学での初年次教育の大半は不要になるだろう。

　高大接続の「教育」改革が喧伝される昨今であるが、生徒・学生の「学び」に即して高大の接続を捉えると、図3-5のように整理することができるだろう。

　ただし、高校と大学で扱う知識そのものが大きく違っているので、高校での探究的な学習と大学での研究にはそれなりの違いがある。事実、高校までの知識では解決できない問題や課題が多いのである。そこで、高大接続の視点から高校での探究的な学習の意義を下記のように整理することができよう。

1．探究活動そのものを体験することに意義がある。
2．探究活動を通して、自ら問題を発見し、問題を解決しようとする姿勢を涵養する。
3．探究の成果を求めるが、高校までの知識による探究に限界があることを理解し、大学での学びへとつなげる。

第2節　探究的な学習のデザイン

　前節では高校での探究的な学習の意義を確認したので、本節では探究的な学習のデザインについて概観したい。

(1)「学び続ける力」を育てるデザイン

　前節で確認したように、社会の変化に即して探究的な学習が求められるようになった。常に変化する社会にあっては、変化に対応してタフに生きていくために「自ら学び続ける力」が求められる。本シリーズの第6巻では、アクティブラーニングの目的は「アクティブラーナーの育成」にあるとしたが、ここでも再確認しておこう（図3-6を参照）。

> 一人ひとりが自立した人格を持ち、自ら能動的に学び続け、知識を活用しながら状況に応じて的確な判断を下し、自ら発見した問題、あるいは社会的な課題を、他者と協力しながら解決できる人。

図3-6　アクティブラーナーとは

ところで、第1節(1)で確認したように探究的な学習は、①【課題の設定】→②【情報の収集】→③【整理・分析】→④【まとめ・表現】という活動のスパイラルとしてイメージされていた。ここではさらに、問題解決のプロセスに即して必要な力を「リテラシー」として整理しておきたい。リテラシーは、もともと「識字」と訳されるように「読み・書き・そろばん」という基本的な能力を指していた。しかし、情報化した現代社会にあっては、メディアリテラシー、情報リテラシー、金融リテラシーなどのように、特定の領域で必要とされる能力を指すようになってきた。さらに、OECDが提唱する「キー・コンピテンシー」においては、道具的な知識を相互的に活用して問題解決することをリテラシーと呼ぶようになってきた。こうした経緯についての説明は本シリーズの第6巻に譲り、ここでは問題解決に必要な能力としてのリテラシーについて確認しておこう（図3-7を参照）。

こうしたリテラシーについて、大学では「リサーチスキル」や「アカデミックスキル」と呼ばれることもあるが、教育基本法で定められた「学力の3要素」という観点から見ると「思考力・判断力・表現力」と対応していることがわかるだろう。

また、「学力の3要素」という観点に即せば、問題を解決する際には、自ら進んで行動し（主体性）、他者の多様な意見を

> ・自ら問いを育てる
> ・情報を収集する、調査や実験をする
> ・情報を分析する、得られたデータを分析する
> ・解決すべき課題を発見する
> ・解決策を構想する
> ・表現する（レポート、プレゼンテーション）
> ・実行する
> ⬇
> ・現代人に求められるリテラシー

図3-7　問題解決に必要なリテラシー

理解しつつ(多様性理解)、他者と協力しながら解決する(協働性)わけであるから、問題解決のプロセスにおいては「主体性・多様性(理解)・協働性」の発揮が求められることになる。

　したがって、探究的な学習を進めるにあたって、問題可決に必要なリテラシー(探究的な学習における思考力・判断力・表現力)の習得と主体性・多様性・協働性の涵養を同時に育成できるようにデザインする必要がある。具体的には各高校の現状に合わせてデザインすることが求められるが、たとえば京都市立堀川高等学校(以下、堀川高校)のように1年の前期に「探究基礎」として集中的に学んだ後に本格的な探究的な学習を行う場合、大阪府教育センター附属高校(以下、センター附属高校)のように学年進行で進める探究活動において、各学年でそれぞれ育成目標を掲げて行う場合などが考えられるだろう。いずれにせよ、(4)で触れるように、各高校の現状に合わせたデザインが求められる。

(2)「問い」を育てるデザイン

　さて、探究的な学習において、もっとも重要でありかつ難しいのが「生徒が自ら問いをたてる」ことである。「問いをたてる」ということは、単に「疑問」を抱くことではなく「探究にふさわしい問い」を形成することである。実際、堀川高校でも論文・レポートそのものの完成度もさることながら、そこまでの過程の中でどういう学びが起きているかということを重視している。自分で問いを立て資料を調べたり、調査や実験をしたりしているうちに、「本当にこの問いでよかったのか」と、出発点に戻ってさらに問いを深めることが出てくる。最終的には時間の制約があるのである程度で見切りをつけなければならないが、こうした問いを深めるプロセスを抜きに探究は深まらないだろう。

　生徒たちはさまざまな疑問を持っている。たとえば、原子力問題やエネルギー問題から「何で俺は女にモテないのか」「何で勉強しないといけないのか」ということまで実に多様である。こうした疑問自体は悪いわけではないが、探究的な学習としては、大きすぎて手に余る問いやあまりに個人的すぎて不

向きなものもある。初発の疑問を整理して探究にふさわしい「問い」、換言すれば「探究のテーマ」を形成していかなければならない。

　堀川高校では、生徒が自らたてた探究のテーマについて、生徒どうしで意見交換したり、先生や大学院生がアドバイスしたりしている。そうした他者のアドバイスや支援がなければ、探究活動にふさわしい問いを形成することが難しいのである。探究的な学習では、最終的には探究する生徒「個人」の学びを深めることが重要になるが、探究の過程では生徒同士、あるいは教員や先輩との意見交換を通して、他者との関わりの中で考えを深めていくことになる。

　ところで、探究的な学習を進めるにあたって「問題」と「課題」を区別しておくことは、学習をデザインする際に有効である。両者の定義についてはさまざまなものがあるが、ここでは便宜的に次のように定義しておきたい。

> 課題：他者から与えられた「問い」、社会的に公認された「問い」
> 問題：生徒が自ら発した「問い」

　ここで言う課題はtask、問題はproblemの訳語であるが、課題が他者から与えられたもの、あるいは既に社会的に公認されたものであるのに対して、問題は生徒固有のものである。探究的な学習においては生徒自身が発する「問い」について学びを深めるため、問題こそが重要になる。しかし、何度も触れているように、いきなり探究活動にふさわしい「問い」、ここで言う「問題」を設定することは難しい。そこで、教師から与えられた「課題」について探究する経験を踏まえ、自らの「問題」について探究する力を育てることが望ましいだろう。ここでは課題から問題へと問いを育てるプログラムの骨子を紹介しておきたい（図3-8を参照）。ただし、あくまでのも骨子であり、それぞれの高校の現状に応じて工夫する必要があるだろう。

(3)「観」を育てるデザイン

　ところで、生徒は探究的な学習を通して何を手に入れるのだろうか。与え

1）与えられた「課題」から「問い」をたてる
・与えられた課題について解決策をつくるまでの流れを構想する。
・与えられた課題について情報を収集し、分析する。
・分析した内容をもとに解決すべき課題を明確化する。
・課題を解決するための方策を構想する。
・課題の解決策を他者に向けて表現する。
・課題の解決策を評価する。

⬇

2）自ら「問い」をたてる
・自ら疑問に思うことを書き出す。
・探究にふさわしい「問い」を形成する。
・問いに関連する情報を収集し、分析する。
・分析した内容をもとに解決すべき問題を明確化する。
・問題を解決するための方策を構想する。
・問題の解決策を他者に向けて表現する。
・問題の解決策を評価する。

図 3-8　問いを育てるプログラムの例（骨子）

られた課題や疑問に思ったことを調べてまとめるだけなら「調べ学習」と変わるところがない。与えられた課題にしろ、自らたてた問題にしろ、「問い」に関して収集した情報を分析し、解決策を構想する段階で、問いに対する自らの考えを形成することになる。調べた情報の引き写しではなく、たとえ他者の考えと同じことを考えたとしても、自分自身で咀嚼した結果であるべきだろう。このようにある問いに対する自分なりの考えを持つことを、ここでは「観の形成」と呼ぶことにしたい。

　たとえば、「日露戦争」について探究的な学習をした場合、日本史や世界史の教科書から関連する知識を整理するだけでなく、日露戦争に関する書籍や資料を調べ、日露戦争の発端から終結までを理解するだけではなく、戦争に至った原因、その後の影響を考察することを通して、日本の近代化にどのような意味を持ったのかについて自分の考えを持ったり、そもそも戦争とは何であるかという自分なりの理解を持ったりすることが「観」の形成である。つまり、日露戦争とはどのような戦争だったのかという「日露戦争観」、あるい

は近代における戦争とは何かという「戦争観」を持つことである。

こうした「観の形成」は、知識をバラバラに習得することとは異なり、自らの問題関心に即して知識を統合し、自分なりの世界観を形成することに通じている。このような「観」を自分なりに形成することなしに、個々人の人格の形成もありえないだろう。

探究的な学習をデザインする際には、探究的な学習を通じて生徒が自分なりの「観」を持てるような配慮が必要になってくる。生徒自身が自分の調べたこと、自分の考えたことについて「自問」する機会を用意しておくことが望ましい。また、生徒の探究的な活動の折々で、教師は調べたこと考えたことの意義を「問いかける」ことで、生徒の「観」の形成を促すような関わりをすべきだろう。

(4) 高校現場に即したデザイン

さて、ここまで探究的な学習に必要なデザインのポイントについて概観してきたが、個々の高校によって抱えている課題、制約された環境などが異なっている。それぞれの高校現場にふさわしい探究的な学習をデザインする必要があるだろう。ここでは大学進学希望者を多く抱える高校と多様な生徒を抱える高校の例を概観してみたい。前者の例が堀川高校、後者の例が大阪府教育センター附属高校であるが、両校については本巻の7、8章で詳しく紹介されているので具体的な取り組みを参照して頂きたい。

堀川高校では、1年前期から2年前期までの1年半をHop・Step・Jumpの3段階に分けている。1年前半のHopでは「探究基礎」の中で、情報の収集・分析、引用方法などいわゆるリサーチスキルを学ぶと同時に、論理的な論文の書き方を学ぶ。1年後半のStepでは、生徒は数学ゼミ・英語ゼミなどの「ゼミ」に入り「自分の探究する問い」を育てる。ゼミには、数学ゼミとか物理ゼミとか教科の名前がついているものもあれば、国語の先生 が担当する言語・文学ゼミ、英語の先生が担当する国際文化ゼミなどがあり、ゼミと教科が紐づく形になっている。そして、2年前半のJumpで探究的な学習を深め、

レポートを作成し、ポスター発表でその成果を発表することになる。

堀川高校のモデルは、探究的な学習に必要なスキルを事前に学習してから探究活を行うという段階的なものになっている。また、探究活動を2年の前期までに限定しているのは、進学を控えた生徒に配慮したものであろう。

・堀川高校「探究科」
　・Hop 　：探究基礎＝探究スキルの習得（1年生前期）
　　　　　　↓
　・Step　：ゼミ＝自ら問いをたてる（1年生後期）
　　　　　　↓
　・Jump ：探究活動、中間発表会（ポスター発表）、論文作成（2年生前期）

図3-9　堀川高校の探究モデル

大阪府センター附属高校では、3年に渡って「探究ナビ」を実施し、探究的な学習に必要なスキルやコミュニケーション能力を、探究的な学習の深まりに即してスパイラルに身につけられるようにデザインされている。1年の

・大阪府教育センター附属高校「探究ナビ」
　・探究ナビⅠ（1年）
　　・「生きる力」の基礎となるコミュニケーション能力、人とつながる力を育成する
　　・聴く力、質問する力、説明する力、チームで協同する力
　・探究ナビⅡ（2年）
　　・自然や社会とのかかわりへの関心を高め、社会とつながる力を育成する
　　・感じる力、関わる力、気付く力、計画する力、多面的・多角的に考える力
　・探究ナビⅢ（3年）
　　・社会の一員として主体的・創造的に課題を解決し、未来を拓く力を育成する
　　・企画する力、望ましい解決を目指す力、発信する力、社会に参画する力

図3-10　大阪府センター附属高校の探究モデル

「探究ナビⅠ」ではコミュニケーション能力、人とつながる力の育成、2年の「探究ナビⅡ」では自然や社会とのかかわりへ関心を高め、社会とつながる力の育成、3年の「探究ナビⅢ」では社会の一員として、主体的・創造的に課題を解決し、未来を拓く力の育成がそれぞれの目標として掲げられており、学年進行で探究的な学習が深められるようになっている。

第3節　探究的な学習の課題

さて、本章の最後に、探究的な学習の抱えている課題について触れておきたい。ただし、これから述べる内容は、まさに現在進行中の課題であり、近い将来に解決される可能性を持っているものである。

(1) 教科との連携

第1節(3)でも述べたように、「探究」は教科での知識の「習得」「活用」とつながりをもつものである。本章では、総合的な学習の時間の中で行う探究的な学習を中心に論じてきたが、教科での学びとの関連を踏まえ、次のように整理することができよう。

A) 総合学習として行う本格的な探究活動
B) 教科の内部で行う探究活動
　教科学習の探究活動化(活用Ⅰから探究へ)
C) 教科横断で行う探究活動
　活用と探究の橋渡し(活用Ⅱから探究へ)

Aのパターンで探究的な学習を実施している堀川高校でも、ゼミは教科の教員が担当しており、教科との関わりまったく切れているわけではない。また、Bのパターンでは教師が与えた「課題」を生徒が解決することを通して探究に必要な能力を養うことも可能であろう。さまざまな制約条件からAパターンの実施が難しい高校では、Bの教科学習の探究活動化から始めるのが

無難ではないだろうか。さらに、Ｃパターンは教科の壁を越えて知識を統合する機会を生徒に与えることになるため、時間や教員の負担が許す範囲で取り組みが望まれる。

いずれにせよ、各々の高校現場の状況に即して、無理のない形態でスタートすることが成功の秘訣であろう。

(2) 大学や地域との連携

さて、探究的な学習を進める際に、生徒の自主的な活動がスムーズに進むように、教師のマネージメントが必要である。複数の教員がチームを組んで指導したり（チーム・ティーチング）、大学院生のＴＡ（ティーチング・アシスタント）を活用したりすることが考えられる。あるいはまた、第一線を退いた方や地域の方の支援を得ながら学習を進めることもできるだろう。

しかし、こうしたことを学校単位で賄うのは困難であろう。教育委員会が大学や地域をつなげるプラットフォームを作ったり、大学コンソーシアムが支援する仕組みを設けたりするなど、整備しなければならない課題は多いと言える。

(3) 評価

探究的な学習に際して、一番アタマが痛いのは「評価」である。探究的な学習は、最終的には生徒一人ひとりの学びをどのように評価するかということになるが、その過程でグループによる協働的な活動もしばしば取り入れられている。のみならず、グループで課題を解決することが求められている場合は、グループとしての活動や成果も評価の対象になるだろう。

生徒自身が自らの学びを振り返り、成長を促すための「形成的評価」であるならば、身につけてほしい能力や態度をルーブリックで提示し、それに基づいて自己評価したり、仲間で評価し合ったりすることができる。しかし、問題は探究的な学習の「総括的評価」をどうするのかと言うことであろう。別の言い方をすればどのように成績をつけるのかということになる。

第3章　高校での探究的な学習の展開　63

　このことに関してはスタンダードな方法が確立されているとは言いがたいが、下記のような観点が考えられる。

・探究的な学習の成果物(レポート、作品など)を、教員がルーブリックを用いて評価する。
・活動の過程を、教員がルーブリックを用いて観察評価する。
・生徒自身の振り返りを参考資料とする。
・生徒の活動の記録をポートフォリオ化し参考資料とする。

　探究的な学習の評価について、もう一点だけ付け加えておきたい。現在、文部科学省が進めている高大接続教育改革では、大学入試センター試験に代わる新テストが構想されているが、「知識・技能」「思考力・判断力・表現力」は共通テストで評価し、個別の大学選抜においては「主体性・多様性・協働性」を高校時代の活動をもとに評価することになっている(図3-11を参照)。

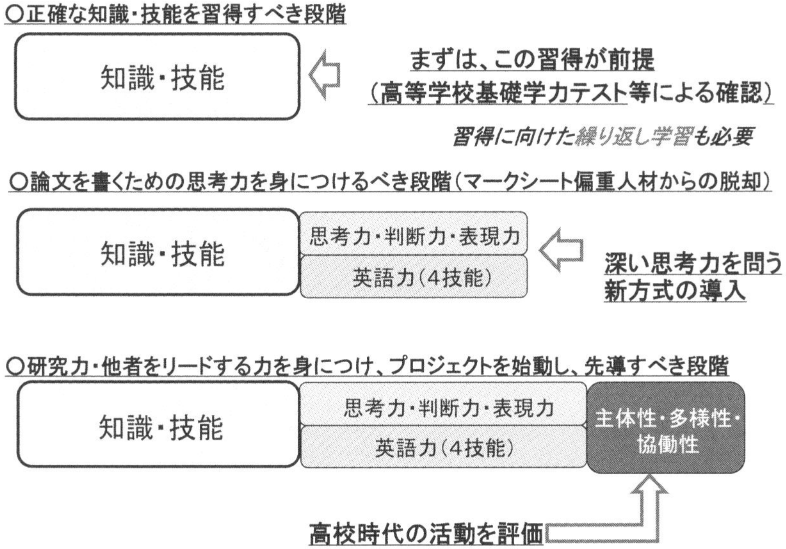

○正確な知識・技能を習得すべき段階

知識・技能　⇐　まずは、この習得が前提
（高等学校基礎学力テスト等による確認）
習得に向けた繰り返し学習も必要

○論文を書くための思考力を身につけるべき段階（マークシート偏重人材からの脱却）

知識・技能　｜　思考力・判断力・表現力／英語力（4技能）　⇐　深い思考力を問う新方式の導入

○研究力・他者をリードする力を身につけ、プロジェクトを始動し、先導すべき段階

知識・技能　｜　思考力・判断力・表現力／英語力（4技能）　｜　主体性・多様性・協働性

高校時代の活動を評価

図3-11　高大接続教育改革で問われていること

文部科学省は、現段階においては、高校時代の活動をどのように評価するのか明示していないが、探究的な学習の成果やプロセスの評価について共通のフォーマットができれば、探究的な学習の高大接続も夢ではないだろう。探究的な学習を確実に進めるためにも、こうした取り組みが進められることを期待してやまない。

> 各巻との関連づけ
>
> 第3巻の「総合的な学習の時間での探究的な学びとその評価」と題する第5章(松井孝夫)で、探究的な学習の評価について論じています。また、探究的な学習は広くアクティブラーニングの一つですので、第3巻『アクティブラーニングの評価』所収の、「アクティブラーニングをどう評価するか」(松下佳代)、「初年次教育におけるレポート評価(小野和宏・松下佳代)、「教員養成における評価－パフォーマンス評価とポートフォリオ評価」(石井英真)、「英語科におけるパフォーマンス評価」(田中容子)、「育てたい生徒像にもとづく学校ぐるみのアクティブラーニングと評価」(下町壽男)の各章も参考になると思います。

まとめ

- 探究的な学習は、生徒自身が自らの関心にしたがって、自ら問いをたて、自ら問題の解決しながら学びを深め、自らの「観」を形成する活動である。
- 探究的な学習に際しては、問題解決の手法を理解したり他者と協働したりする汎用的な能力の育成を図る。
- 高校における探究的な学習は、成果を求めることも大切であるが、探究活動そのものを経験することに意義がある。

文献

市川伸一 (2013).『「教えて考えさせる授業」の挑戦』明治図書.

安彦忠彦 (2014).『「コンピテンシー・ベース」を超える授業づくり(教育の羅針盤)』図書文化社.
河合塾 (2010).『初年次教育でなぜ学生が成長するのか―全国大学調査からみえてきたこと―』東信堂.

◉さらに学びたい人に

- 文部科学省 (2013).『今、求められる力を高める総合的な学習の時間の展開(高等学校編)』.
  ▶総合的な学習の時間で探究的な学習を進めるためのガイドブック。
- 名古屋大学教育学部附属中・高等学校 (2013).『協同と探究で「学び」が変わる―個別的・ドリル的学習だけでは育たない力―』学事出版.
  ▶中高一貫校での先進的な取り組みがわかる。

第II部

事例編

第4章

マップ作りを軸としたプロジェクト型学習
——学部横断型ジグソー学習法[1]の可能性

成瀬 尚志（京都光華女子大学短期大学部）・石川 雅紀（神戸大学）

第1節　神戸大学のESDコースの沿革と構成

　ESDはEducation for Sustainable Developmentの略であり、「持続可能な発展のための教育」と訳される。この取り組みは2002年の「持続可能な開発に関する世界首脳会議」（ヨハネスブルグサミット）において、日本政府が提案した「国連持続可能な開発のための教育の10年（DESD：Decade of ESD）」が同年12月の第57回国連総会で採択されたことを踏まえて、2005年から世界各国での取り組みとして開始されたものである。神戸大学では、持続可能な社会を担う人材を育成することを目指して2008年度からESDサブコースが立ち上げられた。

　神戸大学のESDコースは7学部が協働で運営している学部を超えた領域横断型のコースである。このコースは2007年度「現代的教育ニーズ取組支援プログラム（現代GP）」において「アクション・リサーチ型ESDの開発と推進」として採択された取り組みがベースとなっている。当初は現代GPに申請した発達科学部、文学部、経済学部の3学部が「ESDサブコース」として運営していたが[2]、現代GPによる支援が終了し、全学レベルでの人的予算的措置がないにもかかわらず本コースは人気科目となり、参加学部も農学部、国際文化学部、工学部、医学部が加わり、7学部にまで拡大した。大学もこうした拡がりをオフィシャルにサポートし、さらに拡大すべく、2015年度

から全学教務委員会の下にESDコース専門委員会を組織し、「ESDサブコース」から「ESDコース」となった(表4-1を参照)[3]。

表4-1　神戸大学ESDコースの沿革(高尾千秋氏作成)

2006年	3学部(発達科学部・文学部・経済学部)の協働による企画検討
2007年	文科省現代GP「アクション・リサーチ型ESDの開発と推進」採択
2008年	3学部合同委員会による運営体制のもと授業開始
2010年	現代GP終了 ESDサブコース推進検討委員会(WG)の設置
2011年	農学部の参画、4学部での運営
2012年	国際文化学部・工学部の参画、6学部での運営 三菱UFJ環境財団寄付講座(2012-2014)
2013年	医学部の参画、7学部での運営 全学教務委員会ESDコース専門委員会の設置 人間発達環境学研究科大学院ESDサブコースの試行開始
2014年	規定を改定し、名称を「神戸大学ESDコース」とする

　コースのカリキュラムは表4-2の通りであるが、中心的な科目は「ESD基礎」「ESD論」「ESD演習」である。このコースで一定の単位を修得すると「ESDプラクティショナー」としての認定書が与えられる。

　このコースで扱う問題は「持続可能な社会づくり」である。この問題には唯一の正解はあり得ない。また、この問題は哲学や経済学など特定の体系だった学問だけで解決できるものでもない。では学問体系の集合体である大学は教育機関としてこの問題についてどのように取り組むことができるのか。これが我々の根底の問題意識としてあった。以下では本コースの中心科目である「ESD基礎」の授業デザインについて詳しく見ていく[4]。

表4-2 神戸大学ESDコースカリキュラム(高尾千秋氏作成のものを一部改変)

総合実践科目(3年次)	ESD実践論						
フィールド演習科目(主に2年次)	ESD演習Ⅰ・Ⅱ(環境発達学)	ESD演習Ⅰ・Ⅱ(環境人文学)	ESD演習Ⅰ・Ⅱ(環境経済学)	ESD演習Ⅰ・Ⅱ(実践農学・兵庫県農業環境論)			ESD演習Ⅰ・Ⅱ(初期体験実習・IPW統合演習)
関連科目	国際開発論など13科目	環境人文学講義Ⅰ・Ⅱ	環境NPO実践論 社会コミュニケーション入門 経済地理学	食糧生産管理など7科目	ガバナンス論 バイオエシックス	地球環境論合意形成論など5科目	国際保健災害保険
基礎科目(1年次)	ESD論(持続可能な社会作り2)						
	ESD基礎(持続可能な社会作り1)／実践農学入門						
	発達科学部	文学部	経済学部	農学部	国際文化学部	工学部	医学部

第2節 マップ作りを軸とした授業デザイン

(1) 活動目標と教育目標の区別[5]

ESD基礎はESDの入門科目であり、発達科学部、文学部、経済学部が合同で担当するもっとも重要な科目である。アクション・リサーチを通してESDの実践者を育成することを目的としており、本コースの入門科目である本授業では、フィールドに実際に足を運んでさまざまな問題を体感し、ESD的な視点からその問題を考察することを目指している。そのためにこの授業で取組むのはプロジェクト型学習を取り入れた「マップ作りワークショップ」である。後述するように、クラスごとに定められたテーマに従う必要があるが、「マップ」でありさえすればよく、どのようなマップを作るかは各グループに任されている。

この授業での活動目標をマップ作りにしたのは、次のような理由がある。まず、本コースの目的の一つである「アクション・リサーチ」とは問題の生じている現場に入り込み、試行錯誤を繰り返しながらもその問題を解決するた

めに当事者として参与することで学びを深める教育手法であるが、そうした活動を半期の授業で実現するのは非常に困難である。しかし、「マップ作り」であれば15回の授業内で十分達成可能であり、それゆえ達成感もある。また、かならずフィールドに出て行く必要があることから、今後行うアクション・リサーチの準備にもなるということも理由に挙げられる。そして活動目標として明確でわかりやすい点も重要な理由であった。

　もちろんマップを作ること自体がこの授業の教育目標ではない。この授業での教育目標は「持続可能な社会づくりという活動に参加する」や「ESD的な視点での考察を深める」である。マップ作りという活動目標がこの授業の教育目標ではないことは学生にも理解されやすい。「マップを作ることがESDとどんな関係があるのですか？」という質問がよく学生から寄せられる。そこで「ESD的な考察につながるようなマップを作ってください」や「そのマップがESD的にどのような意義があるのかについて考えてください」という指導が自然と行え、学生にも理解されやすい。つまりマップ作り（という一見すると教育目標と無関係に見える活動目標）を通して、教育目標として設定されている「ESD的な思考を深める」ことが可能となっているのである。このように活動目標と教育目標を区別し、前者をできるだけわかりやすいものに設定しておくことは、プロジェクト型学習をデザインする際に重要であろう。

　プロジェクト型学習では具体的な問題解決を目指すことが一般的であるが、この授業はそうした「課題解決型」のアプローチをとっていないという点が特徴的である。持続可能な社会づくりという課題には明らかに正解はなく、すぐに解決することもできない。しかし目の前には持続不可能な現状が数多くあり、まずはその現状を認知し理解する必要がある。そしてその現状をいかに持続可能な形にするかを考えることが求められるが、個別の事例であっても「解決策」が簡単に提示できるようなものではない。まずは現状の問題を生み出した原因を探求するしかなく、その中で必然的に別の問題に突き当たることとなる。その結果、自分自身が当事者としてどのようにこの問題を理解し解釈したのかについて考えるほかない。このコース全体では大きな方向性

として「いかにして持続可能な社会をつくりあげるか」という課題を解決することを目指しているが、この授業の中では「解決案の提示」を求めているわけではなく、むしろ「原因の究明」や「意味づけ」などの深い思考を求めている。この授業の中で設定している「マップ」や後で述べる「価格」は、そうした思考を深めるための観点(あるいは「メガネ」)であると言える。

(2) 学習プロセス

学習のプロセスの特徴は、学習の動機づけを重視している点である。また、まずは手と足を動かして活動をすることを優先し、考えるプロセスを後に置いている点である。学習のプロセスは表4-3の通り、「動機づけ」→「ワーク」→「発表・評価」→「講義」→「振り返り」である。また、これらのステップに基づいたシラバスは表4-4である。

表4-3 学習のプロセス

ステップ	学習活動	目的
ステップ1：講義	社会をよりよくする活動の事例紹介	興味喚起・動機づけ
ステップ2：ワークショップ	マップ作り	ワーク
	プレゼン練習・準備 相互評価	意味づけ・関連づけ
ステップ3：合同報告会	プレゼンテーション	他のグループの報告からの学び クラスのテーマの相対化
	相互評価	ステークホルダーとしての関与
ステップ4：講義	ESDについての学習	活動内容を振り返るための参照点の提示
ステップ5：振り返り	ワールドカフェによる振り返り	ESDとは何かについての検討、意味づけ、整理

表4-4　ESD基礎の授業スケジュール(2015年度)

回	ステップ	講義タイトル	内容	形式
第1回		ガイダンス	ESDサブコースガイダンス 履修生の決定(抽選)	合同
第2回		なぜESDなのか	ESDとESDサブコースガイダンス 全学の教育枠組みとESD	合同
第3回	ステップ1	講義「ソシモ」	ひとりの人間が、社会に対して働きかけたいと感じるモチベーション「ソシモ」についての講義	合同
第4回		アクションリサーチガイダンス	「マップ作りワークショップ」のグループ編成及びアクション・リサーチの全体ガイダンス、学部配属の発表	合同
第5回 〜 第10回	ステップ2	アクション・リサーチ①〜⑥	「マップ作りワークショップ」 各学部の特色を生かしたテーマによるマップ作りを行う。学部混成3人程度一組のチームにより、フィールドワークを行い、マップの制作を通じて、地域課題を検討する。第5回〜10回は概ねこの期間内で、実際のフィールド調査の日程は各学部による日程となる。	各学部
第11回 〜 第12回	ステップ3	アクション・リサーチ発表会①〜②	マップ作りワークショップの成果発表会。学生・教員を含めて評価を行う。パワーポイントよるプレゼンテーション	合同
第13回	ステップ4	ESDにおける学びの方法	ESDの学習論	合同
第14回 〜 第15回	ステップ5	リフレクション	授業全体の振り返り(2コマで実施)	合同

【ステップ1】

　学生は自分の興味の持てることには何も指導しなくとも積極的に取り組み、ゴールを目指して主体的に頭を働かせる。プロジェクト型の授業においてもそうした積極性が引き出されることがもっとも望ましい。そうしたことから、この授業では動機づけの部分を重視している。学生がESDに積極的に取組むようになるためには、まずは「持続可能な社会づくり」という方向性に学生が関心を持つことが重要である。そのために、導入部分ではESDに関する

アカデミックな話はせず、「人は社会的に良いことをしたいと思っている」という仮説に基づき、「日本愛妻家協会」「ミズベリング」「東京スマートドライバー」などのユニークな活動を起こして広げた実践者の講義[6]を行っている。ESDコース開始当初からこの講義は非常に評判が良く、学生がESDに関心を抱く大きなきっかけとなっている。

【ステップ2】

マップ作りワークショップについては（4）で詳しく説明する。

【ステップ3】

合同報告会である「アクション・リサーチ発表会」は全クラス合同で行い、ポスター発表形式で行う。このポスター発表形式の特徴は、学生が説明者、評価者の役割を変え、多数のポスターを巡り、興味を引いたポスターについて説明者と質疑・討論を行う点にある。教員、他の学生と説明者の間の議論を聞いていることも自分が持たない視点に気づくという意味がある。このやりとりは展示されているポスターの数だけ平行して実施されるので、口頭発表形式と比較して、圧倒的に密度の濃い議論が量的にも多く行われる。視点を変えて、特定のポスターに注目すると口頭発表形式では、1課題あたり5分程度の時間しかとれないが、ポスター形式であれば、はるかに長い時間、対話的に説明することができる。口頭発表形式と比較したときの欠点は、公平性が担保されないという点が上げられる。公平性の観点から口頭発表形式で行ったこともあるが、発表数が多く長時間かかることもあり、5分ごとに評価する作業を2時間以上続けるのは教員にとっても集中力を保つことは困難であった。

そのポスター発表において、学びを深めるための仕掛けとして学生の相互評価を取り入れている。石川は、ESDサブコース開始以前から、経済学部の担当授業（基礎演習などのイントロダクション的な講義）で、学生による発表と相互評価を行ってきた経験があり、自主研究、プレゼンテーション等の評価

では、学生の参加意欲を高めること、全体として教員の評価とあまり違わないことを経験していた。ESD科目には適した評価方法と考え、当初から提案し、成果報告会において採用されてきた。

この学生による相互評価は、ピアレビューとしての意味合いももちろん大きいが、ESDにおいては、持続可能な社会を担う「ステークホルダー」からの評価としての意味合いが大きい。ESDには正解がないとはいえ、もちろん「なんでもあり」ではなく、重要なのは持続可能な社会をつくりあげる当事者である「我々」がどう考えどう評価するかである。ESDコースでは常に、持続可能な社会をつくるためには、若い世代、つまり学生たち自身が持続可能な社会づくりを担っていく必要があることを伝えている。つまりESDにおいては学生からの評価は、学習のための人工的な評価ではなく、リアルな文脈での評価であり、「真正の評価」と言えるだろう。このように持続可能な社会づくりという課題設定は、学生自身がステークホルダーとして、つまり、当事者としてコミットし、評価する必然性のある課題設定なのである[7]。

【ステップ4】

手足を使って行動させることを優先していることから、ESDに関するインプットをワークショップの後に置いている。入門的な授業ではその後の活動を活発にするためにも基礎的な知識のインプットが求められるが、ESDにおいては「持続可能な社会づくり」という大きな方向性を理解することがもっとも重要であり、あとは学生同士の議論がいかに深まるかにかかっている。このように基礎的なインプットがそれほど重視されないことは、活動目標として社会課題の解決を置かず、具体的なマップ作りにとどめていることとも関連がある。特定の課題を合理的な形で解決するためにはやはり専門的な知識が求められる。一方、ESD基礎におけるマップ作りワークショップの後で行われるESDに関する講義は、(課題解決のために)「身につける」あるいは「習得する」ことが意図されているのではなく、学生自身がマップ作りワークショップの中で得た知識や考えたことを振り返るための「参照点」として提

示している。したがって、「覚える」ことが重要なのではなく、自分で考えたことと比較したり、結びつけたりすることで思考を深めるために提示しているのである。

【ステップ5】

これまでの授業で学んだことをワールドカフェ形式で振り返る。他のグループの学生や他学部の学生と意見交換する中で、ESDとは何かについての理解を深める。このステップにおいても個人や活動したグループだけでなく、多様な学生と意見交換する機会を設けることで、自分自身でESDとは何かについての説明を作り上げる契機を設けている。

(3) 主体的な学びを促すための工夫——学部横断型ジグソー学習法

アクティブラーニング型授業では教員がワークシートを用意したり、グループワークで議論させる内容を事前に考えたりと、教員の丁寧かつ親切なサポートが功を奏す場合が多い。しかしながら学生の主体的な学びを考えた場合、そうしたサポートや教員からの指示は学生の主体性を奪ってしまう可能性がある[8]。一方「完全な放任主義」では「膠着」しか生み出さず、まったく学びを生み出さない可能性が高い[9]。そうしたジレンマを解決する一つの方法が「ルールと評価関数の提示」である。スポーツやゲームにおいて手取り足取り指導しなくともゲームが進んでいくのは、それらが理解されているからである。この授業では「マップを作る」というルールと、それがどのように評価されるかについて指導するが、それ以外はほぼ学生の活動に任されている。マップを作るという課題は非常にわかりやすいため、「何をしたらよいかわからない」ということは起こりにくく、活動目標としては非常にうまく機能する。

こうした教え込まない授業形態では、必然的にインプットが非常に少なくなり、インプットが少ないとグループワークを行っても議論が深まらないことが多い。そこをカバーするのが学部混成グループである。マップ作りワー

クショップでは、同じ学部の学生が混ざらないようにグループを指定し、学部混成グループで活動を行う。このようなグループ分けを行うと、ジグソー学習法のような効果が見られる[10]。

ESDにおいては各学問分野が課題解決のための「ツール」として位置づけられ[11]、各学問分野を学ぶことはゴールではなく手段であることを学生に伝えている[12]。持続可能な社会づくりという課題においては、さまざまな価値観や考えを持った人がいること、また、さまざまな困難な状況や文脈に置かれている人がいることを理解することが必要不可欠である。さらに一つの問題に対して、現状や原因を理解するためには多様な解釈や分析が必要であり、そのためにはさまざまな学問分野からのアプローチが必要となる。ESDコースでのグループワークを学部混成グループにしているのはそのためである。グループ内では多様な意見が求められることになり、実際グループワークで学生はその分野の「専門家」としての意見を求められることが多く、非常に緊張感のある議論が行われる。自分の意見が求められているという環境設定をすることは主体的な学習を生み出すために重要な要素である。

> 各巻との関連づけ
>
> 第1巻の「知識構成型ジグソー法」と題する第4章(益川弘如)では、ジグソー法の1つとしての三宅なほみが開発した「知識構成型ジグソー法」を、理論的・実践的に説明しています。

(4) マップ作りワークショップのデザイン

この授業ではガイダンスや成果報告会は合同で行っているが、マップ作りワークショップはクラス単位で行っている。マップ作りワークショップでは、教員の担当する学生数が均等になるように5クラス(各30名)に分けられ、発達科学部が3クラス、文学部が1クラス、経済学部が1クラスを担当している。マップ作りワークショップではクラスごとに大まかなテーマが設定され、進め方は学部に任されているが、学部混成チームを作って活動させ

るという点は共通ルールである。ここでは経済学部のクラスを例にとってマップ作りワークショップについて説明しよう。経済学部に配属された学生には、「お値段調べマップ」というテーマを設定している。これはもちろん「価格」というものが経済学部と関連性があるからであり、経済学部的な視点からESDにアプローチするためである。ここで学部の学問的特性が保持されている点が重要である。授業スケジュールは表4-5の通りである。

表4-5 経済学部でのESD基礎(お値段調べマップ)のスケジュール(2015年度)

回数 (全体)	回数 (経済学部)	講義タイトル	内容
第5回	第1回	ガイダンスと討論	班分け、アイスブレーキング(他己紹介) 経済学部でのマップ作りの内容説明 スケジュール説明 報告会での評価方法、評価尺度の説明 調査対象商品選択のグループワーク(第1回) グループワーク結果の発表・共有
第6回	第2回	対象商品決定	調査対象商品選択のグループワーク(第2回) グループワーク結果の発表・共有・質疑 全体討論 戦略的投票による対象商品選択 班ごとの地域分担決定
第7回	第3回	第1回フィールド調査	班ごとのフィールド調査
第8回	第4回	調査結果発表・共有	調査結果の発表・共有・質疑 相互評価 コメントカードの交換 全体討論
第9回	第5回	第2回フィールド調査	班ごとのフィールド調査
第10回	第6回	模擬発表	全体発表会の模擬発表 相互評価 コメントカードの交換 最終発表準備のためのグループワーク

【ガイダンス】

ガイダンスではまず、全6回のスケジュールと内容を説明し全体の見通しを与える。調査対象となる商品はクラス全体で投票で一つに決定することを

説明する。2回目の授業内で投票を行うため、2回目の授業終了時には、どの班がどこで、何を調べるかについて決まっていることが必要であることを納得させる。さらに、この授業の成績評価は全体発表会での学生の相互評価と教員の評価に基づいて行うこと、評価項目として、ESDとしての視点、考察の深さが問われることを説明している。

【商品決定】

クラス全体でどのような商品の価格について調査するかについて決定するために、第1回目の授業と第2回目の授業内でグループごとに検討する。ここでの活動目標は「調査対象とする商品の決定」である。どのような商品を調査することがよいかについては多様なアイデアが必要となるため、グループワークは2グループ合同の6人で行う。ESD的視点で評価することが明らかにされているので、個人的興味や単に調べやすいだけの対象は排除され、相当活発な議論が起こる。

第2回目の授業内で、各グループが調査対象にしたい商品とその理由についてのプレゼンテーションが行われる。プレゼンテーションの後には質疑応答の時間も設けている。そうした報告と質疑応答を踏まえ、どの商品に投票するかを先ほどのグループで再び討論し、各人3票ずつ持つ戦略的投票を行う。この際の活動目標は「投票先の決定」という非常に明確なものであるため議論も活発になる。また、この「商品決定プレゼン」は、コンペ形式ではあるものの、各グループの活動結果に対する最終評価ではない。このプレゼンは今後の各グループの活動の方向性を決めるものであるため、自分たちのアイデアを批判的にとらえることができ、また、他のグループの良いアイデアを積極的に評価しようという姿勢が見られる。そうした姿勢が生まれるのは、この「マップ作りワークショップ」が各クラスごとに行われている取り組みであり、最終的には全クラス合同の報告会での発表が視野にあるからであろう。つまり他のクラスよりもよいものを発表したいという競争心が積極的な姿勢につながっていると考えられる。

ここでのポイントは、調べる対象を自分たちで決めていることである。かつて調べる対象を教員が与えたこともあったが、自分たちで調べる対象を決める討論から入ると格段に強く動機づけされることを経験している。プロジェクトが所与のものではなく自分たちで作り上げたものであることは、愛着をもちながら取り組むきっかけにつながっている[13]。

【マップ作り】

　マップ作りは3人ごとのグループで取り組み、全グループともクラスで決定された商品について調査する。調査する地域は阪神間の学生の居住範囲とし、クラス内でどのグループがどの地域を担当するかについての役割分担を行う。調査結果はBEEF[14]で共有する。

【クラス内報告会】

　全クラス合同の報告会に臨む前に、発表と相互評価のフィードバックを2回実施している。ESDの対象は、唯一の正解がない問題という意味で、ill defined problemであることを理解し、多様な視点があることを体験・理解するためには、他者からの評価を受けることがもっとも有効であると考えているからである。つまり、この発表と相互評価自体を学びのプロセスとして位置づけているのである。

第3節　授業の様子

　この授業は受講者が150人であるが、毎年受講希望者が300名以上いるため受講制限を設けている。ESDという聞き慣れないテーマである上、授業は毎年5限に行われるが、このように履修希望者が多いのは、学部を越えて学生と共同作業ができることに魅力を感じているからのようである。そうした期待感を持った学生に対して、第2回目の授業で学外講師による実社会での実践的かつ魅力的な活動についての講義を聞くと、学生の期待感とモチ

ベーションは一段と高まるようである。マップ作りで休日などを活用してフィールドワークを行う必要があるため負荷は高いものの、学生のモチベーションは高く保たれる。実際この授業でのドロップアウト率は非常に低く、経済学部では、30名中、ドロップアウトするのは、毎年0～1名である。

マップ作りワークショップでは、多くの学生が自分自身の所属学部とは異なる学部に配属されることとなり、そこにはある種の「緊張感」が生まれる。また、マップ作りのテーマがクラスごとに異なっているため、合同発表会では「クラス対抗」のような意識が芽生える。また、クラス全体だけでなく、先に述べたように活動を行うグループも学部が偏らないように教員側が設定している。他学部の学生とともに活動することは学生にとっては非常に刺激的であり、活動に主体的に取組むための大きなモチベーションになっているようである。

実際のグループワークでの障害は、フィールドワークをする際のスケジュール調整である。メンバーの学部が異なるため、スケジュール調整は難航するようである。しかし日常の行動範囲での調査が中心であるため、休日などを活用しながらも、どのクラスのグループもなんとかフィールドワークを行っている。がんばれば何とか形になるという意味でも「マップ作り」は、新入生のフィールドワークのお題設定としては非常に有効である。

またマップはできあがると達成感もあり、その上、専門分野からの知見を活用しながら「持続可能な社会づくり」という未来に向けた目的に向かっているため、やりがいも大きいようである。経済学部のマップ作りに参加した学生の感想として、調査対象商品を決める議論が楽しく、もっと時間を使いたかったという感想が一番多かったことからも、学生に当事者性を持たせる工夫が重要であることがわかる。本授業を受講した学生はそのままESDコースの授業を受講するにとどまらず、関連するフィールドでの活動に参加する学生も毎年見られる[15]。

ポスター発表形式で行う全クラス合同の「アクション・リサーチ発表会」では、各グループとも担当者を決めてローテーションでポスターの説明を行い、

説明に当たっていないときには、他のグループの説明を聞きに行き、もっともよかったポスターに投票を行い、順位をつけた[16]。この発表会において学生たちは初めて自分たちのクラス以外の取り組みを目にすることになる。他のクラスはそれぞれ異なるテーマでのマップ作りを行っているため、異なる観点からのESDへのアプローチはそのまま学生たちの学びにつながる。同じ問題に対する全く異なるアプローチを知ることで、学生たちは自分たちのこれまでの活動を相対化して理解することができるようになる。

　ポスターの説明はどのグループとも非常に熱心なものであった。それはすべてのグループが同一の目的(持続可能な社会づくり)を目指しているということが効いているのかもしれない。プロジェクト型学習において、異なる目的(あるいは、お題設定)のプロジェクト同士が合同報告会を行う場合、プロジェクト固有の違いが大きく、相互の発表を聞いても自分事としてとらえることが難しく深い学びにつながらない。しかし、この授業においては、すべてのプロジェクトが同一の「持続可能な社会づくり」という課題に取り組んでいるため、各グループからの報告それ自体が、他のグループに対する学びにつながる。このように報告会の場が単なる「評価の場」だけでなく「学びの場」でもあることは、報告を聞く側にとってだけ意味のあることではなく報告する側にとっても効果的である。自分たちのパフォーマンスを必要としている人がいることは、そのパフォーマンスを向上させようとするモチベーションにつながる。

　このことは、パフォーマンスに「宛先」があるかどうかという問題とも密接に関連している。たとえば、レポート課題の場合、多くはそのレポートを読むのが教員だけであり、またフィードバックもされないことが多く、そのパフォーマンスが求められているという実感を学生は得にくい。そうした状況がよいパフォーマンスを生み出すためのモチベーションにつながりにくいとも考えられる[17]。一方、「プレゼンテーション」というパフォーマンス課題では、聞き手が多いだけでなく、「フィードバック(あるいは反応)がすぐにくる」という点で学生のモチベーションにつながりやすい。とはいえ、そのパ

フォーマンスを他の学生が必要としているかどうかは別問題である。この授業の場合は、成績評価のためだけのパフォーマンス課題ではなく、そのパフォーマンスを必要とする具体的な「宛先」があることで、その宛先を思い浮かべながらパフォーマンス課題に取り組めるため、パフォーマンスの質的向上を目指すことにつながっている。

　ワールドカフェでの議論も相当活発なものとなる。それは各学生が自分自身で作成に携わった「マップ」があり、それをベースに議論をすることができるからである。また、ワールドカフェでのグループのメンバーの中には、異なるグループの学生がいることは当然ながら、異なるクラスの学生や異なる学部の学生がいる。つまり、あらゆるアプローチで共通の「マップ作り」を経験した学生たちと「ESDとは何か」について議論を行うこととなるため、多様な意見に触れることが可能となり、自分自身のESDについての理解も深めることができるようになる。

図4-1　「アクション・リサーチ発表会」でのポスター発表の様子と「お値段調べマップ」の例

第4節　いかにして緊張感のある学習環境を作り上げるか

　ESDコースが育成を目指す人材像は、持続可能な社会づくりに関心を持ちその課題に取り組む人材である。ここで取り上げたESD基礎においては、実際にその問題に取り組み、ESD的な視点からの考察を深めることを目指している。そのために、授業ではあらゆる点で学生のモチベーションを高めることを重視し、学生が積極的に授業に取り組めるような環境づくりに力点を置いている。経済学部でのマップ作りで調査対象商品を学生がディスカッションして決めるプロセスを重視し、学生がこれに反応して、積極的に関わり、おもしろいと評価していることは、この事例である。

　また、この授業ではフィールドワークを行っているが、明確な連携先があるわけではない。フィールドワークに関して決まっているのは場所(物理的な事情から大学近辺)と(各クラスで設定されている)テーマだけであり、各グループの調査は自由に行われる。連携先はなく、(第2回目の学外講師以外は)学内の教員だけで授業を運営しているが、授業は常に緊張感に包まれている。クラス分けにより自身の所属学部以外に配属されたり、グループワークでは他学部の学生との作業が待っていたりするためである。またワークショップでの報告は、同じ取り組みをしている他のクラスの学生たちから評価を受ける。こうしたプロセスは学生にとっては緊張感の連続である。こうした緊張感を学内の活動を中心にして生み出している点は特徴的であろう。

　このことは、この授業が各学部の専門性を重視していることとももちろん関連がある。クラス分けや、グループ分けにおいては学部の専門性が保持され、それが活かされた形で行われている。また、それが形式的にだけでなく、実質的に活かされる取り組みになっており、常に学部での授業が重要であることを伝えている。プロジェクト型学習では、課題の真正性を求めるために、学外の企業や団体と連携し、その組織の「課題解決」に取り組むケースが多いが、そこでの「真性の課題」に取り組むことが魅力的であったとしても、そこで「大学での学び」が重視されないようであれば本末転倒である。最終的には

「大学での学び」の重要性に気づき、学外の活動から大学に戻ってくる形が理想的であろう[18]。ESD基礎は小規模ながら、まさにそのプロセスにかなっていると言える。

　こうした専門性が活かされた「真正の課題」において、学生は単なる「学習者」ではなく「持続可能な社会づくり」という大きな課題に対する「ステークホルダー」と見なされている。学生が積極的に関与し取り組むためには、「その学生」が参加する必然性が求められる。自分自身が「必要とされている」と思えば、参加する意欲はさらに高まるであろう。この授業では、まず「所属学部」がその必要性を意識させるのに機能している。また、それぞれの学生が「持続可能な社会づくりを担う市民である」ことを意識させることも、そのために不可欠である。外部からの評価を受けるのではなく、自分自身で評価し判断することが未来を作り上げていくことにつながるということを繰り返し伝えることで、学生をステークホルダーとして参与させることができている。

> **まとめ**
>
> - 主体的な学びを生み出すためには、学生が学びたいと思う環境設定が重要である。環境設定に関しては、①学生が取り組む必然性のある魅力的な課題設定、②ルールと評価関数の提示、③多様な専門分野の知識が求められる状況設定、が重要である。
> - プロジェクト型学習においては活動目標と教育目標を区別し、学生と教員がともに理解する必要がある。その際、活動目標は具体的で明確なものにし、アクションが起こしやすいものにしつつ、議論を深めることで成果物のクオリティが高くなるものに設定しておくと、グループワークが活性化しやすい。また、プロジェクト型学習の教育目標としては「課題解決」だけでなく、「つながり」や「意味づけ」といったことも目標として機能しうる。
> - 学部横断型ジグソー学習法を取り入れる際には、学部の専門性を重視した課題設定と環境設定が重要である。

注

1 ジグソー学習法とは、グループ内のメンバーにそれぞれ異なる資料を与え、すべての資料を合わせて考えないと答えられないような問いを課す学習法である。詳しくは小林・成田(2015)を参照。
2 ESDサブコースの運営の中心は発達科学部であり、同学部(正式には人間発達環境学研究科)の「ヒューマン・コミュニティー創成研究センター」が担っていた。神戸大学のESD(サブ)コースの詳細については、末本・高尾(2013)及び阿部(監修)、荻原(編)(2011)を参照。また本章の執筆に当たって、神戸大学のESDコース専門委員会のコーディネーター高尾千秋氏から多大なる協力をいただいた。
3 このESDコースは開始当初から複数の学部が参加しており、参加学部間で一致できる骨太の方針を中心に据えて、学部間の違いを許容し、多様性としてむしろ積極的に捉えながら進めてきた。成瀬はGP採択当初(2007年10月)から2008年12月まで文学部の教育研究補佐員としてカリキュラムの立ち上げに関わった。石川は経済学部の担当者として立ち上げ当初から現在まで関わっている。本章の記述における詳細については、両者が所属する学部での経験に基づいていることを断っておく。
4 受講人数を含む授業デザインに関しては毎年修正が行われているため、ここでは2014年度におけることを記述する。
5 活動目標と教育目標(学習目標)を区別することの重要性については、安斎勇樹氏から示唆を受けた。山内・森・安斎(2013)ではワークショップにおける両者の関係について論じられているが、プロジェクト型学習をデザインする上でも非常に示唆的である。
6 山名清孝；http://s-cop.jp/
7 課題設定の重要性については石井(2015)、成瀬(2014)を参照。
8 石井(2015)、p.43でも教員が「何を提示・説明するか」ではなく、「何を提示・説明しないか」と指導の余白部分を意識する重要性が指摘されている。
9 放任主義がうまく機能している事例として、日本工業大学での「大学での創造的学び」が挙げられる。たなか・野崎・河住(2014)を参照。
10 エキスパート会議は取り入れていないので正確にはジグソー学習法ではない。
11 阿部(監修)、荻原(編)(2011)p.138。
12 「持続可能な社会づくり」という課題設定の有効性については安彦(2014)参照。また、ESDがアクティブラーニング型授業における課題設定として効果的である点については、小林・成田(2015)を参照。
13 プロジェクトの活動に学生が主体的に取り組むために、学生がそのプロジェクトに愛着をもつことが重要である。そのためにも教員が事前に定めたプロジェクトではそうした愛着を持ちにくい。一方で、学生が一からプロジェクトを企画す

ることは非常に困難である。この経済学部での事例においては、大枠は教員側が設定しているものの、プロジェクトの重要な要素である「調査対象の商品の決定」を学生が行っている点が重要である。
14 　神戸大学LMS: Basic Environment for Educational Frontier 2015, https://beef.center.kobe-u.ac.jp/
15 　たとえば、石川は、石川ゼミの学生を活動主体とするNPO法人ごみじゃぱんを2006年に設立し、生活者、事業者、大学、行政など関係者の連携によるごみの発生抑制の活動を行っているが、ESDの授業をとった経済学部の学生が石川ゼミを志望するだけでなく、他学部の学生もごみじゃぱんに参加し、活発に活動している。
16 　ポスター発表形式は2014年度。2014年度は発表会が1日でアクション・リサーチが7回(表4-4を参照)。
17 　レポート課題も多くの場合宛先が教員だけであり、かつフィードバックがないことが多いため、パフォーマンスの質の向上を目指しにくい。しかしレポートを冊子にして学生に配ることで宛先を意識させることも可能である。北野(2013)を参照。
18 　この部分に関しては聖心女子大学の杉原真晃氏から示唆を受けた。

文献

阿部治(監修)・荻原彰(編)(2011).『高等教育とESD』大学教育出版.
安彦忠彦 (2014).『「コンピテンシー・ベース」を超える授業づくり』図書文化社.
石井英真 (2015).『今求められる学力と学びとは―コンピテンシー・ベースのカリキュラムの光と影―』日本標準.
北野収 (2013).「自分のテーマを2年間かけて卒論に仕上げる」関西地区FD連絡協議会・京都大学高等教育研究開発推進センター (編)『思考し表現する学生を育てるライティング指導のヒント』ミネルヴァ書房, 148-169頁.
小林昭文・成田秀夫(著)・河合塾(編) (2015).『今日から始めるアクティブラーニング―高校授業における導入・実践・協働の手引き―』学事出版.
成瀬尚志 (2014).「レポート評価において求められるオリジナリティと論題の設定について」『長崎外大論叢』18, 99-107頁.
末本誠・高尾千秋 (2013).「ESDと発達科学および人間発達環境学―教育の現状と研究の課題―」『神戸大学大学院人間発達環境学研究科研究紀要』6(3), 23-30頁.
たなかよしこ・野崎浩成・河住有希子 (2014).「学生の学習効果を高めるフシンセツ授業の実践報告―教員のための手間と学生のための手間―」『大学教育学会誌』36(2), 74-77頁.
山内祐平・森玲奈・安斎勇樹(2013).『ワークショップデザイン論―創ることで学ぶ―』慶應義塾大学出版会.

第5章

岐阜大学の医療系 PBL (Problem-based Learning)

丹羽　雅之（岐阜大学）

第1節　岐阜大学PBL／テュートーリアル 導入の背景

　明治時代に始まった日本の近代学校教育は、講堂に多数の学生を集め、ひとりの教員が知識を伝授する形を採用した。これに必要な道具は黒板とチョークであり、学生は自分のノートに筆記する形で知識のコピーを行った。その後マイクやスライドプロジェクター、ビデオ等が導入されても教員から学生への知識の一方的伝授の基本形であることに変わりがなかった。学生と教員の双方向的な教育は、教育資源の制限すなわち教員の絶対数不足のため、積極的な導入はなされてこなかった。

　一方、現代の成人学習においては、双方向性のある教育形態の確保が強調されるようになった。すなわち、米国では1910年の医学教育と医療の改善を目的としたフレクスナー報告[1]にはじまり、自ら学ぶ能力を重要視したラプリーの報告(1932)[2]など、早くから医学教育改革の必要性が提唱された。それらの帰結の一つとして1969年カナダのマクマスター大学が先鞭をつけ世界各地に広まったSmall Group Tutorialと問題解決を中心とした学習方法いわゆるProblem-based Learning (PBL)／テュートーリアル(PBL)を開始した。1985年に米国ハーバード大学がPBLを導入したことも誘因となり、世界各国で実施されるに至っている。医学教育改革の必要性は遅まきながら日本でも高まり、1990年東京女子医大が全国に先駆け、PBLの導入を開始、つ

いで1996年10月岐阜大学医学部が国立大学として最初に全面的なPBLカリキュラムを導入した。その後、医学教育のモデル・コア・カリキュラム[3]における前臨床教育のあり方として、PBLなどの能動学習法を取り入れることが有効であると明記されたことも後押しとなり、現在国内81の医学校のうちの約90％が何らかの形でPBLを導入している[4]。

　PBLが医学教育に取り入れられた最大の理由は、学ぶべき医学知識が膨大となり進化のスピードも速くなったため、講義形式ですべてを教えることは物理的に不可能となったことである。そのためには日々問題解決しながら新しい知識を能動的に吸収する能力と習慣を早くから身につけることが、生涯にわたって活躍する医師・研究者として必須の能力となる。さらに医学教育の国際認証基準としても学生の能動的学習の推進が重要視されており、disease-orientedの考え方からpatient-orientedの考え方を身につける、グループ討論・発表を通じてコミュニケーション能力やプレゼンテーション能力、リーダーシップを養うなどの意義もある。

　岐阜大学では、従来からの講義形式での学習スタイルに限界を感じ、ほぼトップダウンに近い形式で臨床実習前医学教育のすべてをPBLスタイルに変更し、20年近くが経過しようとしている。以下、岐阜大学PBLシステムについて概説する。

第2節　岐阜大学PBLシステムの実際

(1) 全容

　岐阜大学医学部では1年間の初年次教養教育の後、2年生前学期から臨床実習前の4年生前学期までのほぼ2年間、基礎・臨床医学を統一した「臓器系統別・統合型カリキュラム」を導入しており、問題基盤型の「PBL／チュートリアル教育」と組み合わせたカリキュラムとなっている。PBL全21コース(表5-1)は直列に繋がるモジュール形式であり、平行したプログラムは一切無く、学生は一定週間(1週〜10週)該当コースの学習に専念できる構造と

なっている。岐阜大学でのPBLシステムのゴールを表5-2に示す。

表5-1　PBL 実施全コース

	コース名	週数	履修年次
①	人体構造学	10	2年生
②	神経構造機能学	3	2年生
③	生命分子	3	2年生
④	生体機能学	4	2年生
⑤	病原体学	5	2年生
⑥	薬理・中毒学	4	2年生
⑦	病理学	3	2年生
⑧	地域・産業保険	2	2年生
⑨	循環器・呼吸器・腎尿路学	8	3年生
⑩	消化器・検査医学・血液腫瘍学	6	3年生
⑪	内分泌代謝学	4	3年生
⑫	神経・精神・行動学	6	3年生
⑬	成育学	6	3年生
⑭	生命倫理・法医学	2	3年生
⑮	臨床遺伝・臨床倫理	1	3年生
⑯	皮膚科学	2	4年生
⑰	免疫応答学	2	4年生
⑱	感覚器医学	4	4年生
⑲	運動器学	3	4年生
⑳	麻酔疼痛制御・救急災害	3	4年生
㉑	画像診断・放射線治療	2	4年生

2年生後学期後半から3年生前学期前半の10～12週間は基礎研究室選択配属期間。研究を通じて科学的思考と問題解決力を養う。

表5-2　PBLテュートーリアルのゴール

1) 自己学習能力
2) 問題解決能力
3) クリティカル・シンキングの能力(批判的検討能力)
4) グループダイナミクスのスキル
5) 臨床的推論スキル
6) 疾病ではなく病いに対する理解とまなざし
7) 医師としてのプロフェッショナリズム

全PBLコースを終了した学生は、全国の医科大学・医学部の学生を対象に行われる評価試験としての共用試験を受け、合格した学生のみが臨床実習に進むことができる。共用試験はコンピューターを用いた知識・問題解決能力を評価する客観試験(Computer Based Testing, CBT)と態度・診察技能を評価する客観的臨床能力試験(Objective Structured Clinical Examination, OSCE)から構成されている。

(2)コア・タイムならびに1週間の流れ

　PBLでは、まずコア・タイム時学生に症例シナリオを提示することからスタートする(図5-1・図5-2を参照)。コア・タイムとはPBLシステムにおいて学生がテューターの援助のもとに、少人数で討論をし、問題解決に向けて、自らの課題を見つける時間のことである。シナリオには学生に学んでほしい学習課題が込められているが、課題は学生自身が討論を通じて自ら見つけだすものであり、教員から与えられるものではない。学生が興味を持って学習に取り組むように、工夫を凝らしたシナリオを用意することが非常に大切である。このため教員向けのPBL用シナリオ執筆セミナーを適宜開講している。シナリオから抽出された学習課題は、学生が自主的に教科書・インターネット・雑誌等を利用し、時には直接コース担当教員に質問し、学習を進める。講義は基本的にその週の学習目標やシナリオに関連した内容であり、その分野の重要なポイントを整理して解説し、学生の自己学習を助けるために重要である。なお、講義時間は極力減らし、学生が自主的に学習する自習時間を多く設けている(図5-1下)。また一コマ60分授業でもあり、講義にはコンパクトな内容が求められる。岐阜大学ではPBLシステムの流れを5-STEPとしてまとめている(図5-3を参照)。

第5章　岐阜大学の医療系PBL　93

	月（火）	木
コア・タイム 8:30 〜 9:30	症例提示 ↓ 疑問点抽出 ↓ 仮説の議論 ↓ 学習課題の抽出	＜前半＞ 学習成果の ふりかえり ＜後半＞ 症例つづき orまとめ

	Mon	Tue	Wed	Thu	Fri
1	コア・タイム	講義	講義	コア・タイム	講義
2	グループ学習	グループ学習	講義	グループ学習	講義
3	講義	講義	質疑	講義	講義
4	講義	講義		講義	グループ発表
5		自	習　時	間	
6					テスト

専門教員（シナリオ執筆者）が学生の質問に対して助言する（オフィスアワー）

専門教員（シナリオ執筆者）が学生の発表に対して補足講義を行う

図5-1　コア・タイム（上）と1週間の授業の流れの例（下）

図5-2　PBLコアタイムの様子
写真右の奥に少し離れて座っているのがテューターを務める教員

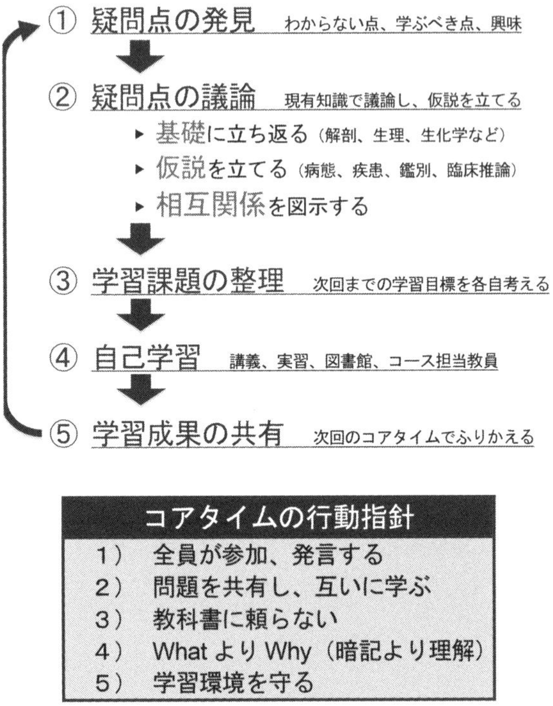

① 疑問点の発見　わからない点、学ぶべき点、興味
　↓
② 疑問点の議論　現有知識で議論し、仮説を立てる
　▶ 基礎に立ち返る（解剖、生理、生化学など）
　▶ 仮説を立てる（病態、疾患、鑑別、臨床推論）
　▶ 相互関係を図示する
　↓
③ 学習課題の整理　次回までの学習目標を各自考える
　↓
④ 自己学習　講義、実習、図書館、コース担当教員
　↓
⑤ 学習成果の共有　次回のコアタイムでふりかえる

コアタイムの行動指針
1) 全員が参加、発言する
2) 問題を共有し、互いに学ぶ
3) 教科書に頼らない
4) What より Why（暗記より理解）
5) 学習環境を守る

図5-3　岐阜大学PBLシステムの5－STEP（上）ならびに
　　　　コア・タイムの行動指針（下）
（新人教員のためのチューター研修会資料より抜粋）

　岐阜大学PBLでは、週の冒頭に提示されたシナリオに対して、いかに現有の力で問題解決していくかを重視している。近年のハッピーマンデーの増加により、月曜日が休日となることも多いが、この場合は火曜日の第1限をコア・タイムとしている。
　学生はグループ内での進行役を定め、コア・タイムが活発かつ円滑に進むように務める。学生は学習成果を次のコア・タイムの冒頭で発表し、共有する（振り返り）。また、ほとんどのコースで週の終わりにシナリオに基づく1週間の学習成果をグループ単位で発表する。これらを2年間にわたり繰り

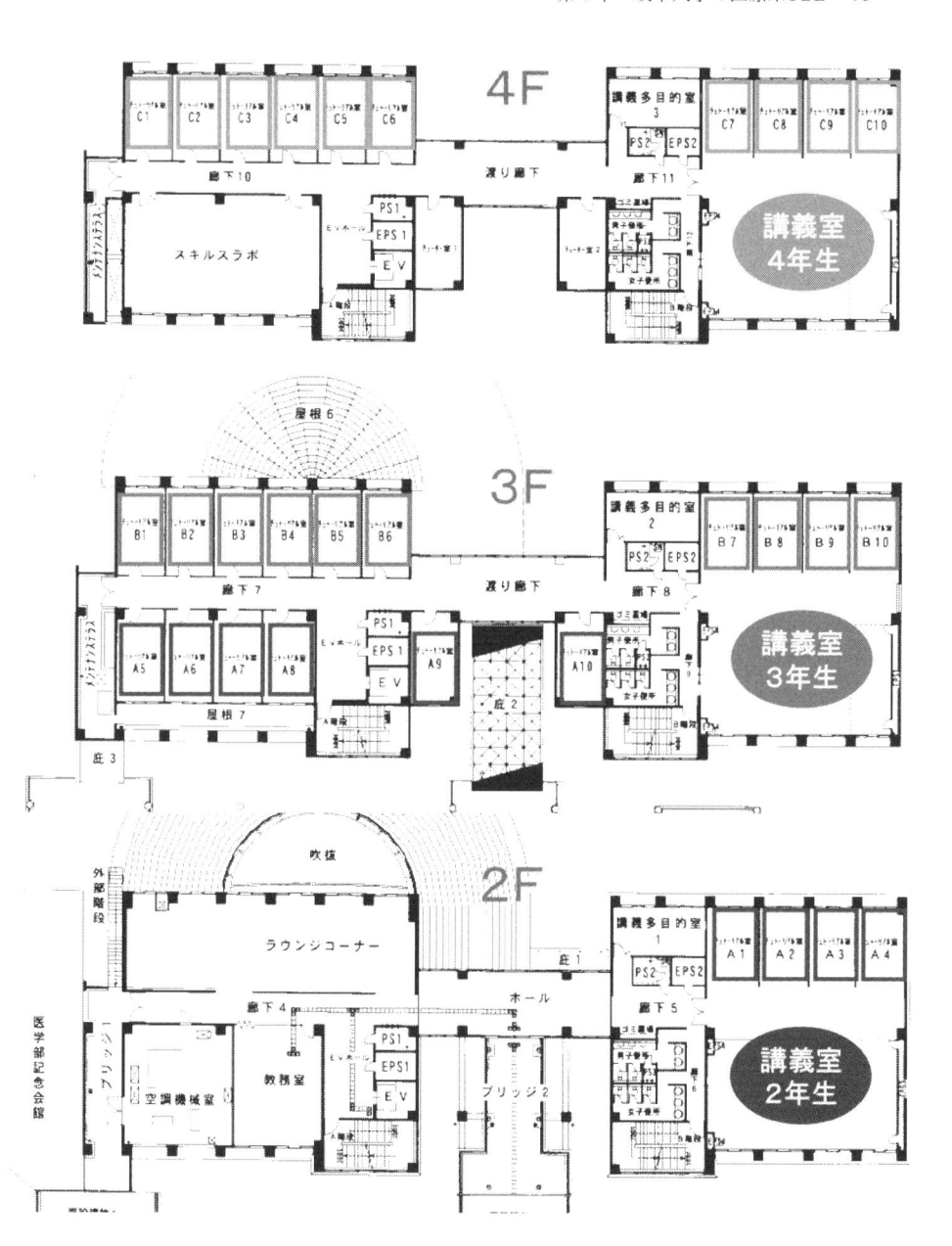

図 5-4　岐阜大学医学部教育・福利棟平面図ならびに PBL 室の配置

返し経験することにより、医師としての重要な資質でもあるグループ内でのリーダーシップの取り方、コミュニケーション能力、プレゼンテーション能力などを学び、高めることができる。

　症例シナリオについてグループ討論を行うコア・タイムはPBLの中核をなす部分である。討論に参加することが学習のスタートになるので、欠席することは基本的に望ましくなく、原則コア・タイム時間の80％以上の出席を必須としている。コア・タイム時、学生は8～9名のグループに分かれ、コア・タイム室に出向く（図5-4を参照）。PBL導入当初1学年の学生定員は定員80名であったが、最近地域枠の増員による医学部定員増加のため、1学年を10グループ以上で実施しており、現時点ではコア・タイム室の使用も若干流動的となっている。なお、PBL開始当初からコア・タイムで使用する小部屋、講義室のすべては原則24時間、365日、学生の自主的管理の下に開放され、自学自習の場として頻用されている。

(3) テューター

　岐阜大学方式のPBLコア・タイム時におけるテューターの役割は、シナリオ内容に深く関わると言うよりもむしろ、学生の自由な発言を促し（良い雰囲気作り）、学習や討論の方法をアドバイスし、方向性がずれた時には適宜軌道修正することに主眼を置いている。同時に学習項目の抽出をチェックし、疑問点の列挙、仮説の論理的考察、自己学習の成果、グループへの貢献などについて学生を概略的に評価する。また、学生の出欠、遅刻・早退のチェックも重要な役目である。学生の出席状況は毎週学務係に報告し、集約する。多くのPBL導入校ではテューター数不足が問題となるようだが、岐阜大学では付属病院所属の教員も含め、学部長以下原則教員全員がテューターを担当しており、今のところ十分まかなえている。テューターは月・木のコア・タイムを1週間単位で担当する（PBL導入当初は月・火・木の週3回）。たとえば学生80名が10グループにわかれコア・タイムを実施するとなると、3学年では30名のテューターが必要となる。1年間では21コー

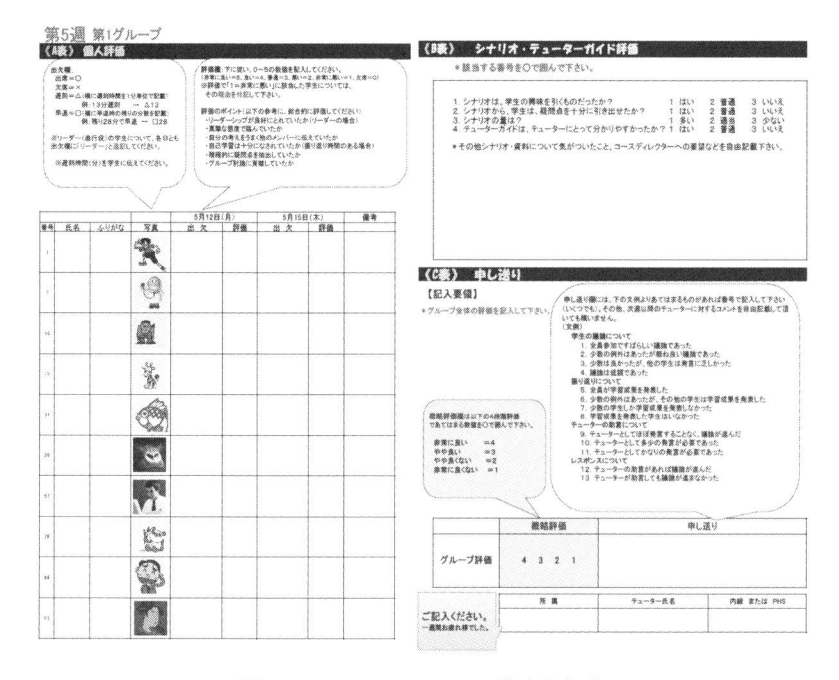

図 5-5　テューターによる学生評価表
テューターは担当週の学生個人及びグループ評価、出欠、シナリオ評価などを記入し提出する。

ス全83週実施されるため、延べ830名のテューターとなる。平均して教員1名あたり年間5－6週間担当している。なお、テューターは図5-5に示す評価表を用いて学生・コースシナリオ等を評価する。したがって学生はPBL全21コース83週において、延べ83名のテューターから、コア・タイムが週2回であるので、合計166回評価を受けることになる。これらの評価は学務事務のサーバーに保管され、学生評価に使用すると同時にPBLの改善等に役立てている。

　テューター担当教員は原則として全員2時間のテューター研修の受講が必須である。大まかには基礎系教員は基礎系のコースを、臨床系教員は基礎系のコースを担当するものの、無作為に割り振られるため、自分の専門外の

コースを受け持つことがほとんどである。そのためテューターにシナリオ内容を概説し、また要点をまとめた分かりやすいテューターガイドを作成している。このテューターガイドの作成はシナリオの作成とともに、コースディレクターの重要な役割でもある。

(4) シナリオならびにテューターガイド

　PBLでは目的論で分類すると、プロセス重視型とプロダクト重視型の2つに分類できる。プロセス重視型では問題解決能力の開発、自己学習能力の開発等に主眼を置き、特定の領域の知識取得を第一義とはしない。医学部では低学年での実施が望まれる。実のところは、アクティブラーニングの一手法として大学入学以前でのPBLの経験が望まれよう。一方、プロダクト重視型では、特定の知識取得を求める。医学部の教育は職業訓練校的な専門家育成の面が強く、専門知識の取得は必須である。どちらかというと、医学部の高学年での実施に向いていると言えよう。シナリオ執筆にあたっては、低学年、すなわち基礎医学系コースではプロセス重視型、高学年の臨床医学系のコースではプロダクト重視型を意識しての作成が望ましい。プロセス重視の低学年でのPBLにおいても、医学生に興味を持たせる意味で、臨床症例をベースにしたシナリオを作成することが多いが、学生はともすれば診断当てゲームに走りがちである。こういった場合はプロセスを重視したグループディスカッションにすべく、テューターの手腕が問われることになる。

　一方、PBL教育は方法論で分類すると、テューター依存型とシナリオ依存型に分類できる。テューター依存型ではテューターが議論に深く介在し、学生の発想、問題提起などについてテューターの手助けを前提としている。したがってテューターはシナリオ作成の意図をしっかりと理解し、くみ取る必要があり、コース内容に近い専門分野のテューター集団とするか、もしくは時間をかけテューターを訓練するかのいずれかとなる。一方、シナリオ依存型ではシナリオを読んだ学生がテューターの積極的な手助けがなくて

も、活発なディスカッションができるようなシナリオが必須となる。したがってディレクターのシナリオ執筆能力が肝要となる。合わせてテュータリングしやすいテューターガイドの作成が必須となる。

岐阜大学のPBLはシナリオ依存型をモットーとしている。岐阜大学では少ない数の教員が研究・診療の傍らテューターも務めており、テューター訓練に割く絶対時間数が足りなく、必然的にシナリオ依存型にせざるを得なかったというのが実情である。このためとくにPBL導入当初はディレクターもしくはそれに準ずる教員に対し、徹底したシナリオ執筆セミナーを開講した。岐阜大学のPBLシステムは導入後、若干の修正を行ったものの、20年近く順調に継続できた。これはシナリオ依存型として、テューターの負担を極力軽減していることも大きな要因となっているといえよう。

(5) 学生ガイダンス

学生は2年生当初よりPBL学習を開始するが、ほとんどの学生はPBLの経験がないものがほとんどである。学生がよりPBLの意義を理解し、能動的学習を促進させるためには事前ガイダンスが有効と考えられる。岐阜大学

表5-3 岐阜大学PBLで学生向けに実施したガイダンス

プレガイダンス	内容	実施年
Type1	なし(シラバスにのみ記載)	2002以前
Type2	1回：PBL開始第1週の前の週にDVD鑑賞＋質疑	2003
Type3	第1回：PBL開始第1週の月曜日第1限にDVD鑑賞＋質疑 第2回：翌日火曜日のコアタイム後に振り返り	2004－2008
Type4	第1回：PBL開始第1週の月曜日第1限にDVD鑑賞し、その後フィッシュボール＋振り返り 第2回：第2週の金曜日に振り返り 第3回：第3週木曜日にフィッシュボール＋振り返り	2009－

でのPBL導入当初は特別なガイダンス時間は設けず、PBLとコア・タイムの意義・進め方などをシラバスとパンフレットに記載し学生に閲覧させるとともに、実際のコア・タイム時にテューター研修を受けたテューターを通じて指導し、体験的に学習法を修得させた。その後、ガイダンスのバージョンアップが何度も行われ、現在までに表5-3に示すような改良が行われている。シラバスとパンフレットの閲覧によるガイダンスを便宜上Type1とすると、Type2：PBLにおけるコア・タイムのあり方を学生・テューター・スタッフに深く理解してもらうためのトリガーフィルム(DVD)を作成し[5]、学生はガイダンスとしてこれをあらかじめ視聴する。Type3：PBL開始前に上記DVDを視聴し、コア・タイムを1回経験した後に振り返りのグループ討論と質疑応答をセットにした2回のガイダンス形式。Type4：開始前のDVD視聴とコア・タイムのMicro Laboratory Training (MLT)[6,7]を実施し、第2週に振り返りのグループ討論と質疑応答、第3週にMLTと振り返りの合計3回のガイダンス形式。ちなみに各タイプのガイダンスの指導効果を上述のテューターの学生評価を指標に比較してみると、Type1＜Type2＜Type3＜Type4となり、ガイダンスの改善効果が認められている。

　なお、学生には木曜日のコア・タイム終了時に、「学生によるコースおよびテューター評価用紙」を配付し、任意に提出してもらい、PBLシステムの改善に役立てている。

(6)評価

　基本的には各コースディレクターの評価基準に委ねられているが、コース最終週に実施される総括試験、レポート、テューターによる学生評価、コア・タイムの出席(80％以上の出席を必須とする)などを総合的に評価する。

第3節　岐阜大学PBLの検証

　世界中で医学教育にPBL学習システムが広く導入され、数多くの報告が出されているにもかかわらず、PBLが非PBLに対して優位性を示すかどうかは相反する結果もあり、結論づけられているとは言いがたい[8]。岐阜大学のPBLシステムが目指すゴールは表5-2に示したとおりであるが、PBLのアウトカムをいろいろな角度から検証し、改善に結びつけなければならない。岐阜大学では現在までに以下のような検証を行い報告してきた。

(1) PBL 1期生に対する臨床教員による評価
　岐阜大学が導入したPBLシステムならびに教材の評価を問うのに最適な指標は、PBL教育のみで医学専門教育を学んだ学生への評価であると考えられる。そこでPBL導入2年半後の1999年、PBL1期生が5年生となり、大学病院にて臨床実習を開始した後3ヶ月の時点での学生評価について、学内で臨床医学教育に携わる教員を対象にアンケート調査を実施した。評価はすべて従来の当該学年の学生(非PBL学生)に比べての5段階相対評価とした。その結果、PBL学生は非PBL学生に対して知識量、問題解決能、積極さなどにおいて優位性が示唆された[9]

(2) PBL 1期生の学外臨床実習に対する評価
　PBL1期生が6年生となり、臨床実習後の時点での地域教育病院の指導医師を対象に(1)と同様のアンケートを実施した。結果は従来型の教育を受けた学生(非PBL学生)に比べ、理解力、議論能力、患者への態度などにおいてPBL学生の優位性が示唆された[10]。

(3) PBL学生の知識獲得能力の評価
　1995年に臨床実習前医学教育システムとしてPBLを全面導入して以来15年が経過し、卒業生が10学年を数えた時点で、PBLのアウトカムとして知

識獲得能力に焦点を当て、検討した。知識獲得能力としてはPBLの基礎系コース・臨床系コースの総括試験の平均得点数ならびに医師国家試験合格率を指標に、PBL導入前10年間の卒業生(非PBL学生)と導入後10年間の卒業生(PBL学生)を比較した。PBL学生は基礎系、臨床系ともに有意に知識獲得能力が優れた結果となり、併せて国家試験合格率も優れていた[11]。さらに男女差を検討したところ、とくに男子学生のボトムアップ効果に優れていることが示唆された。

第4節　今後の展望

　岐阜大学が臨床前医学教育の方略としてPBLシステムを全面導入して以来20年近くが過ぎようとしている。このPBL導入による教育効果を適切に評価することは我々の使命でもある。PBLのアウトカムは表5-2のように多彩ではあるが、PBL学生の臨床実習時、国家試験合格率、卒後臨床研修時、卒後10年、20年等々それぞれの節目において評価を行い、PBLの教育効果を検証していくことが妥当であると考えられる。臨床実習時ならびに国家試験合格率に関しては上述のように導入の効果を実証してきた。しかしながら卒業後の研修医、医師を対象にした評価は現時点では全くできていないのが実情である。本学では卒業生の動向を系統的・組織的に追跡できるシステムを確立できておらず、その構築が鍵となる。まずは卒業間もない研修医レベルからスタートし、評価に結びつけていきたい。

　なお、医療系におけるアクティブラーニングとしてPBLはきわめて有用な手法と考えるが、学部、学科によっては1学年の学生定員が200名を超えることも多い。定員100名前後で、相対的に教員数も多い医学部においてさえチューター不足が問題となることも多く、物理的に困難を伴うことが想定される。その打開策としては、TBLや反転授業など比較的多人数を対象にできる教授法の選択も必要である。

> 反転学習については、**第1巻**の「**ALを深める反転授業**」と題する**第5章（森朋子）**で理論的・実践的に説明しています。
>
> 各巻との関連づけ

まとめ

PBLの利点と欠点(岐阜大学ならびに一般論として)

利点： ・学生が積極的になる
　　　・講義出席率が良い、質問が多い
　　　・教員と学生の垣根が少なくなる
　　　・学生間のコミュニケーションが良くなる
　　　・臨床実習中の学習態度・患者への態度が良い
　　　・国試合格率は下がらない(上がる)

欠点： ・チューターの確保、部屋の確保
　　　・図書やコンピュータの整備
　　　・初年度は忙しい：シナリオ作成、講義の変更
　　　・研修会が頻繁
　　　・長期的なデータが乏しい

注

1　Flexner (2002)を参照。
2　Rappleye (1932)を参照。
3　文部科学省(2001)を参照。
4　医学部長病院長会議データー集より。
5　岐阜大学医学教育開発研究センター (2005)を参照
6　Solomon & Berzon (1972)を参照。
7　小林(1979)を参照。
8　Distlehorst et al.(2005)、Enarson & Cariaga‐Lo (2001) 、Hsieh & Knight (2008)、

Huang et al. (2013)、Koh et al (2008)、Prince et al. (2003)、Prince et al. (2005)、Schmidt et al. (2012)、Taylor & Miflin (2008)を参照。
9 　高橋ほか(2000)を参照。
10 　鈴木・高橋・丹羽他(2003)を参照。
11 　Niwa et al. (2016印刷中)を参照。

文献

Distlehorst, L. H., Dawson, E., Robbs, R. S., & Barrows, H. S. (2005). Problem-based learning outcomes: The glass half-full. *Academic Medicine*, 80(3), 294-299.

Enarson, C., & Cariaga-Lo, L. (2001). Influence of curriculum type on student performance in the United States Medical Licensing Examination Step 1 and Step 2 exams: Problem-based learning vs. lecture-based curriculum. *Medical Education*, 35(11), 1050-1055.

Flexner, A. (2002). Medical education in the United States and Canada. *Bulletin of the World Health Organization*, 80(7), 594-602.

岐阜大学医学教育開発研究センター (2005).『TUTORIAL SYSTEM CORE TIME』三恵社.

Hsieh, C., & Knight, L. (2008). Problem-based learning for engineering students: An evidence-based comparative study. *The Journal of Academic Librarianship*, 34(1), 25-30.

Huang, B., Zheng, L., Li, C., Li, L., & Yu, H. (2013). Effectiveness of problem-based learning in Chinese dental education: A meta-analysis. *Journal of Dental Education*, 77(3), 377-383.

小林純一(1979).『カウンセリング序説』金子書房.

Koh, G. C. H., Khoo, H. E., Wong, M. L., & Koh, D. (2008). The effects of problem-based learning during medical school on physician competency: A systematic review. *Canadian Medical Association Journal*, 178(1), 34-41.

文部科学省(2001).『医学教育モデル・コア・カリキュラム―教育内容ガイドライン―』

Niwa M., Saiki T., Fujisaki K., Suzuki Y. & Evans P., (2016 印刷中) The effects of problem-based-learning on the academic achievements of medical students in one Japanese medical school, over a twenty -year period. *Health Professions Education*.

Prince, K. J., Van Mameren, H., Hylkema, N., Drukker, J., Scherpbier, A. J., & Van Der Vleuten, C. P. (2003). Does problem-based learning lead to deficiencies in basic science knowledge? An empirical case on anatomy. *Medical Education*, 37(1), 15-21.

Prince, K. J., Van Eijs, P. W., Boshuizen, H., Van Der Vleuten, C. P., & Scherpbier, A.

J. (2005). General competencies of problem-based learning (PBL) and non-PBL graduates. *Medical Education*, 39(4), 394-401.

Rappleye W. C. (1932). *Final report of the communication on medical education*, Office of the Director of the Study.

Schmidt, H. G., Muijtjens, A. M., Van der Vleuten, C. P., & Norman, G. R. (2012). Differential student attrition and differential exposure mask effects of problem-based learning in curriculum comparison studies. *Academic Medicine*, 87(4), 463-475.

Solomon, L. N. & Berzon, B. (1972). *New perspectives on encounter groups*. San Francisco: Jossey-Bass.

鈴木康之・高橋優三・丹羽雅之他(2003).「岐阜大学医学部におけるテュートーリアル・システムに関する研究(第2報) ―テュートーリアル1期生の学外臨床実習(6年次)に対する評価―」『医学教育』34, 13-19頁.

高橋優三・高塚直能・湊口信也・伊藤和夫(2000).「岐阜大学医学部におけるテュートーリアル・システムに関する研究 ―テュートーリアル1期生に対する臨床教官による評価―」『医学教育』31, 239-246頁.

Taylor, D., & Miflin, B. (2008). Problem-based learning: Where are we now?. *Medical Teacher*, 30(8), 742-763.

第6章

ブライダルをテーマにした PBL (Project-based Learning)

小山　理子（京都光華女子大学短期大学部）

第1節　ブライダル科目へのPBL導入の背景

　大学や短期大学、専門学校では、ブライダルコーディネーターなどブライダル業界で活躍する人材の育成を目指し、ブライダル系の科目を設置するケースが増えている。ブライダルコーディネーターとは、挙式、披露宴の内容を具体的にプランニングする人材であり、ブライダルに関する専門知識に加え、人生の一大イベントである結婚式という高額な商品を取り扱うにふさわしい「人間性」、「ホスピタリティマインド」が高く求められている(公益社団法人日本ブライダル文化振興協会, 2011)。ブライダル業界への就職を希望する学生が社会で求められるスキルや能力を習得するために、教育現場ではブライダル業界の現場における実際の課題や問題を想定し、接客能力、問題発見・課題解決能力などを身につけさせる全人的教育が必要となる。

　そこで、ブライダル科目における授業手法として注目したのが、Project-based Learning(以下、PBL)である。PBLは実践型・参加型の学習機会を重視し、「対象への全人格的投与と、それによって形成される全人格的発展」(同志社大学PBL推進支援センター, 2012)を目的とする学びであり、ブライダル教育が目指す新たな方向性と合致する。このような問題意識のもと、京都光華女子大学短期大学部ライフデザイン学科において、PBL型授業を実践した。以降、2012年度の授業実践を一例に、テーマ設定から授業デザイン、学習ス

テップ、その他の留意点などを紹介する。

第2節　ブライダルをテーマにしたPBL型授業の実践

(1) 授業概要とテーマ設定

　実践を行った授業は、2012年度の2年生後期必修科目、週1回(90分、15回)である。履修した学生数は6名であり少人数クラスである。授業の到達目標は、①ブライダルの知識を活用し挙式の演出を考案する、②ブライダル業界で必要となる態度を理解する、③社会人基礎力を高めるである。

　PBLの最重要事項はテーマ設定である。今回のテーマは「Aさんの挙式を開催する」で、Aさんは架空の人物ではなく実在する人物で、授業実施期間中に結婚することが決まっていた。テーマ設定でもっとも重視したことは、現実世界の真正性がある学習になることである。「真正な学習」(石井, 2011)を目指し、社会の中で実際に用いられている事柄や、できる限り本物に近い事柄を選んだ。現実味あるテーマは、プロジェクトへの学生の意欲や責任感に大きな影響を与える。ただし、本物らしさが備わったテーマであっても、15回の授業では壮大すぎるもの、学生だけでは成し遂げられそうにないような難易度が高すぎるもの、学生がイメージし難いものは、授業のテーマとしては相応しくない。また、ブライダルの知識が必要なくても進行できるもの、学びの要素が見出せそうにないものも除外した。

　テーマ設定のポイントをまとめると、①模擬ではなく本物であること、②実現可能性が高いこと、③学生の有意義な経験や学びにつながることの3点となる。これらは、ブライダル業界が求める全人的教育という目的を達成するために常に意識すべきポイントでもあり、学習成果を意識した授業を目指す取り組みであるとも言える。テーマ設定を学生に任せるケースもあるが、今回はそのテーマに授業の目的を反映させるため、教員が決めた。

(2) 授業デザインの工夫

「Aさんのために学生が挙式を開催する」という状況が教員主導ではあるが作り出され、PBLがスタートした。この段階ではまだアクティブな活動が用意されただけである。学生の認知プロセスをアクティブにするためには、どのようにプロジェクトに深く関与させるか、どのように自律的な学習を生起させるかを考え、授業をデザインしなければならない。さもなければ、プロジェクト実施後の学生の感想が「楽しかった」や「頑張った」などの一言で終ってしまう。

そこで、Problem-based Learning（以下、問題基盤型PBL）の学習ステップに注目し、「①まず問題に出会う、②どうしたら解決できるかを論理的に考える、③相互に話し合い、何を調べるかを明らかにする、④自主的に学習する、⑤新たに獲得した知識を問題に適用する、⑥学習したことを要約する」(B.マジェンダ, 2004)を、今回のプロジェクトの活動に合わせてチューニングし、次の5つのステップ（図6-1を参照）にまとめた。

PBLの学習プロセス	ブライダルの学習プロセス	学生の活動内容
ステップ1 まず問題に出会う	ステップ1 打ち合わせ	新郎新婦の要望をヒアリングする 新郎新婦の気持ちを探る
ステップ2 どうしたら問題が解決できるかを論理的に考える ステップ3 相互に話し合い、何を調べるか論理的に考える	ステップ2 プランニング	要望を満たすプランの検討を行う 議論し、プランの実現に向けた課題・問題点を明らかにする 課題・問題点の解決策を考える 企画書を作成する
ステップ4 自主的に学習する	ステップ3 自主学習	演出方法を学習する 新郎新婦のことを詳しく知る
ステップ5 新たに獲得した知識を問題に適用する	ステップ4 提案	企画書の修正 新郎新婦へのプレゼンテーション
ステップ6 学習したことを要約する	ステップ5 挙式開催	挙式の告知、会場設営・装飾 リハーサル、本番

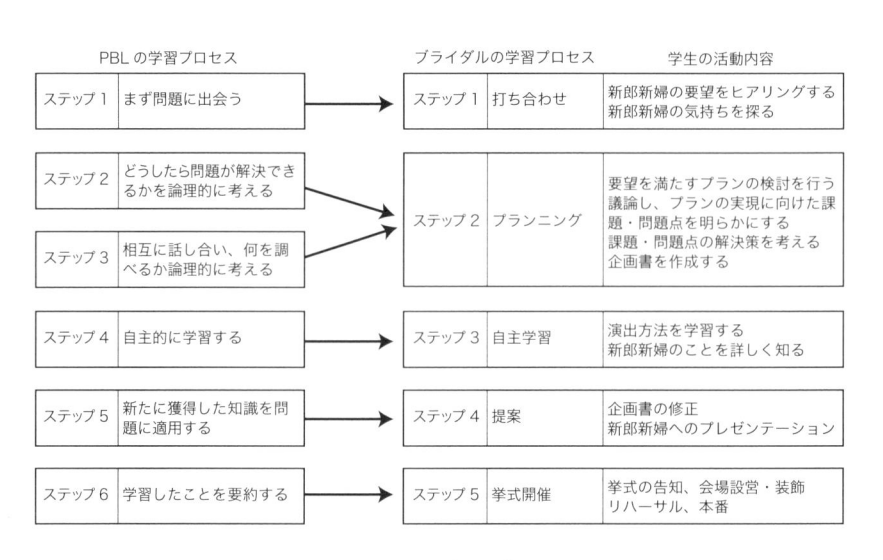

図6-1　PBLの学習プロセス

【ステップ1　打ち合わせ】
　新郎新婦の要望やニーズから課題や問題を発見する。新郎新婦からどのように具体的な要望を聞き出すかが、学生にとっては最初の課題となる。

【ステップ2　プランニング】
　打ち合わせをもとに挙式のプランニングを行う。新郎新婦の要望をどのように反映させるかを相互に話し合い、何を調べる必要があるのかを明確にする。

【ステップ3　自主学習】
　プランニングに必要となるブライダルの情報を文献やインターネットにより自主的に収集し知識を高める。また新郎新婦に対して、自分は何をすべきか、何ができるのかを考え、自主的に行動する。

【ステップ4　提案】
　新たに獲得した知識を生かし提案を行う。提案時の新郎新婦の反応もチェックし改善点は修正し本番に向けて準備を始める。

【ステップ5　挙式の開催】
　学習したことの集大成であり、学習成果の披露の場ともなるが、あくまでも主役は新郎新婦であり、二人のために最大のパフォーマンスを発揮する。

(3) ディープ・アクティブラーニング型授業へのアプローチ

　PBLはプロジェクトそれ自体やその成功が目的化しやすい。そうなると外的活動の能動性に目を奪われ、学生が何を学んだのか、何ができるようになったのかという本来の目的や内的活動の能動性が見失われる危険性がある。また、今回のプロジェクトでは新郎新婦との打ち合わせや挙式プランの作成など、学生にとっては初めて経験する活動が多かった。一度の経験では自分が置かれている状況を把握するだけで精一杯であり、知識・理解に関しては、

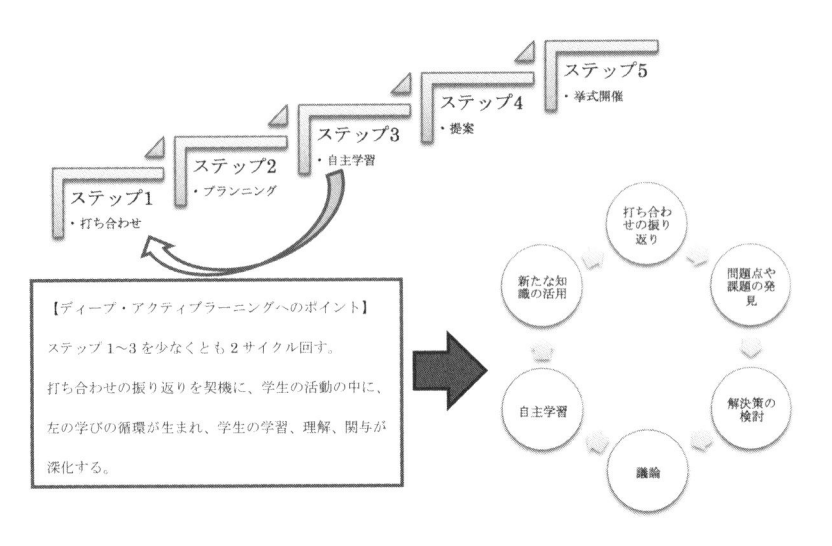

図 6-2　学習ステップと学びの循環のイメージ

何となく分かったというレベルにしか到達しないことが危惧される。このような問題の対策として、「深い学習、深い理解、深い関与」(松下, 2015)を促す仕掛けを、学習ステップの中に組み込んだ。通常、PBLの学習ステップは後戻りはしない。今回は敢えてステップ3まで進んだ後ステップ1へ戻り、ステップ1〜3を少なくとも2回は繰り返すことで、「①打ち合わせを振り返る→②問題点や課題を発見する→③解決策を考える→④議論する→⑤自主的に学習する→⑥新たな知識を活用する」という学びの循環(図6-2を参照)を作り出した。この学びの循環の要素は、「高次の認知機能」(溝上, 2014)として列挙されている要素と共通するものが多い。学習ステップにこの学びの循環を組み込むことで、深い学習、深い理解、深い関与を伴った学習が生起される。つまり、戦略的に内的活動の能動性を高めるアクティブラーニング型授業を作りだす仕掛けとなる。

　また、ブライダル現場の実情からも、プランの完成までに打ち合わせが1回のみということはあり得ない。何十回もヒアリングと検討を繰り返す。授業では時間的な制約があるが、2回繰り返す時間を確保することは可能である。新

郎新婦の要望や感情を何度も確認することで、新郎新婦の気持ちを理解した上で、自分たちだからこそ出来ることは何かをより深く考えることができる。

> **各巻との関連づけ**
> 第3巻の「アクティブラーニングをどう評価するか」と題する第1章（松下佳代）でも、学習目標となる能力の三軸構造と階層性のなかで、ディープ・アクティブラーニングとの関連を述べています。また、第1巻の「学びが深まるアクティブラーニングの授業展開－拡散／収束／深化を意識して」と題する第3章（水野正朗）は、個人思考と集団思考の組み合わせによってアクティブラーニングを深めることを説いています。

(4) 15回の授業計画と進行手順

上述の学習ステップを、15回の授業で進行すると、次の表6-1のようになる。

表 6-1　15回の授業計画

授業回数	学習ステップ	内容	学習活動 教員の活動	学習活動 学生の活動	指導上の留意点
1	－	オリエンテーション	・アイスブレーク ・授業の留意点のシラバスの説明 ・テーマとその意義を説明 ・プロジェクトの取り組み方について議論 ・本日の振り返り	・自己紹介や履修の動機を発表(1人1分程度) ・テーマとプロジェクトについて意見をまとめ発表 ＊個人ワーク(10分)→グループワーク(45分)	・学生が授業やテーマに興味を持つように、授業の意義や授業と社会とのつながりについて説明する ・不安や疑問を共有し、現在の不安要素を取り除く
2	1	打ち合わせ準備	・挙式についての講義 ・参考資料の配布 ・打ち合わせの重要性について議論 ・打ち合わせの手順と準備の説明 ・新郎新婦との調整 ・本日の振り返り	・資料を読み、打ち合わせで活用できるように理解する(20分) ・質問項目の決定 ・打ち合わせシート作成 ＊個人ワーク(20分)→グループワーク(45分)	・随時、質問を投げかけ、説明ができるかを確認する ・どのような疑問が解決できれば挙式が開催できるか、新郎新婦が満足してくれるかを意識させ、質問項目を考えさせる

3		打ち合わせ	・場の雰囲気作り ・打ち合わせのフィードバック ・本日の振り返り	・新郎新婦との打ち合わせの進行(45分) ・打ち合わせの記録 ・打ち合わせの振り返りシートの記入、発表 ＊個人ワーク(20分)→グループワーク(20分)	・マナー、言葉遣い、新郎新婦への気遣い、自主的な発問などを注意して観察する ・新郎新婦の感情に注意を払う ・良かった点は伝え、改善点は学生に考えさえる
4	2・3	提案プランの検討	・新郎新婦の要望の確認 ・要望に合う演出の検討 ・参考資料の配布 ・本日の振り返り	・各自の発表 ＊グループワーク(20分) ・アイデアのブレスト(KJ法) ＊個人ワーク(10分)→グループワーク(40分)	・要望に漏れがないか確認する ・全員の意見になっているか確認する ・演出の参考になるような資料を多数用意しておく
5		提案のまとめ 提案練習	・提案に向けての最終確認 ・企画書の見本を配布 ・プレゼンの方法のレクチャー ・本日の振り返り	・各自の理解、意識を発表(20分) ・企画書の見本を参考にしながら各自検討 ＊個人ワーク(20分) ・企画共有と作成、プレゼン練習、改善点を指摘 ＊グループワーク(30分)	・学生の思考を深めるように、提案練習時に数多くの質問を投げかける
6	4	提案	・提案のサポート ・打ち合わせのフィードバック ・本日の振り返り	・新郎新婦へプレゼン(60分) ・新郎新婦の反応を記録 ・提案活動の振り返りシートの記入、発表 ＊個人ワーク(10分)→グループワーク(15分)	・マナー、言葉遣い、新郎新婦への気遣い、問いの明確さ、主体的な行動などを注意して観察する
7	1-4	提案内容の見直し	学習活動は、2回目〜6回目と同じ		・知識理解の深化、提案内容のクオリティアップを意識する
8		プランの見直し 提案練習			
9		最終提案			

10	4	提案内容の具体化 挙式準備①	・最終提案と新郎新婦の要望の確認 ・挙式開催のための説明 ・各種書類の見本を配布 ・本日の振り返り	・各自の理解、意識を発表(10分) ・資料を参考にし、分担して以下の書類を作成(70分) 　行程表、準備物一覧表 　作業担当表、進行表	・挙式当日に向けてモチベーションを向上させる ・演出アイテム、装飾品などは期日に間に合うように授業時間外で作成させる
11		挙式準備②			
12		リハーサル	・リハーサルのサポート ・改善点の指示 ・本日の振り返り	・リハーサル1回目実施(30分) ・問題点、課題の共有(20分) ・リハーサル2回目実施(30分)	・本番同様の緊張感で実施し、問題点、課題を明確にする ・自信をつけさせ、当日の不安を軽減させる
13	5	挙式開催	・会場装飾のサポート	・会場装飾(60分) ・直前リハーサル(30分)	・作業のクオリティと効率の両方を意識させる
14	―		・挙式開催のサポート ・関係者や関係部署との調整 ・本日の振り返り	・挙式開催(45分)	・進行で不安な箇所を入念に確認し不安を払拭させる
15	―	振り返り	・プロジェクトの総括 ・最終課題の提示	・1人で意見を整理し、全体に共有 ＊個人ワーク(15分)→グループワーク(45分)	・この経験を卒業後にどう生かせるかを意識させる

　毎回の授業にはアクティブラーニングの特徴である「認知プロセスの外化」(溝上，2014)を伴う活動を取り入れ、グループ単位での進行を前提とした。単なるグループ学習にならないように、協同学習の理念を取り入れた。協同に基づく活動性の高い授業を展開すると、一つの授業科目で認知的側面と態度的側面が同時に獲得でき、学習指導と学生指導が一つの授業のなかで実現可能である。(安永，2015)。協同学習の1時間の授業の流れは、「教師による課題の明示」、「個別の取り組み」、「グループの話し合い」、「全体交流」、「教師のまとめ」、「振り返り」の6ステップを基本とする(杉江，2011)。

表6-2　授業（90分1コマ）進行例　（第5回目の授業の場合）

ステップ	時間	内容	目的	主な技法
1	10分	前回までの確認 情報伝達	情報の獲得・理解 情報の知識化	講義
2	10分	今回の課題・問題の発見	課題・問題の認知	ディスカッション
3	20分	個人ワーク	思考 知識の活用	調べ学習
4	30分	グループワーク	認知プロセスの外化と共有	ディスカッション
5	10分	振り返り	本日の取り組みの意味づけ	振り返りシート
6	5分	次回までの課題の確認 作業予定の確認	次回への動機づけ	講義

　このステップをアレンジし、「①前回までの進捗確認→②教員または学生による課題の提示→③個別に思考する（作業する）→④グループで議論する（作業する）→⑤振り返り→⑥次回までの課題と作業予定の共有」の流れを基本とした。グループワークに先立ち、個人思考の時間を確保することで、しっかりと課題意識を持たせることができ、質の高い学習活動が展開される。一例として第5回目の90分1コマの授業の進行を紹介すると**表6-2**の通りとなる。

(5) 授業の様子

　PBL型授業は、1回目の授業がとても重要である。1回目に授業の目的とテーマ、授業への取り組み姿勢を提示し、授業の特性や学習イメージを学生に理解させる。授業の目的や意義に対して、教員と学生の相互理解を深めておかないと、授業が思うように進まない。実際に、「すごく軽い気持で授業を履修したので、やることが多く驚いた」、「単位が取得できればそれでいいと思い履修した」というネガティブな意見が目立った。そのため、毎回の授業で各回の授業テーマを提示し、取り組む意味を再確認させた。振り返りの時間を重視し、この授業で何を身につけて欲しいのか、社会とどう関係する学びなのかを何度も説明し、学生同士で意見交換も行わせた。振り返りシートには毎回、授業で成功したことを書かせ、小さな成功体験を作り、授業への肯定的な感情や参加する価値を創出するように努めた。これが学生にとって

は自己分析や他者理解の機会となり、「もっと積極的に頑張らないといけない」、「感動を与えられる挙式にするために、ブライダルの知識を高めるようにする」など、次第に学習意欲も高まっていった。

また、学生の関与は深まりは、2回目の儀式の意義や挙式の歴史的背景について学んだ後、3回目の授業の新郎新婦との打ち合わせを行ったことが契機となった。新郎新婦に自分たちの考えた挙式を提案し、実際に挙式を開催するためには、知識の理解だけでなく、企画力や想像力、コミュニケーション能力などが必要となる。しかし、今回のプロジェクトの最初のつまずきは知識理解にあった。自分たちのオリジナルな挙式だからといって何をしても良いという訳では決してない。たとえば日本の挙式を考える場合、少なくとも神前式、キリスト教式、仏前式、人前式の4大挙式スタイルの基本的な知識を学び、儀式の歴史的な背景や慣習、必要最低限遵守すべきルールやマナーを押さえなければならない。この知識が提案のベースになる。その上で、提案内容に新郎新婦の要望や自分たちのアイデアを取り入れることにより獲得した知識を棄却し、オリジナルな挙式へと知識を再構築していく。まさに「unlearn（学びほぐす）」を中心とした「learn - unlearn - relearn」という古い学びから新しい学びへ移行するプロセス（松下，2014）である。さらに、新郎新婦の要望は多くの場合、抽象的に遠慮ぎみに語られる。たとえば、学生の「どんな挙式がいいですか？」といったあいまいな発問に対して、新婦は「自分たちらしさや落ち着いた雰囲気が出せればいいが、みんながやってくれるのならどんな挙式でもいい」といった具合である。新郎新婦から具体的な要望が自ずと示され、それを実現させていけばいいと簡単に思っていたが、現実は想像とは異なっていた。新郎新婦が理想とする挙式について自分なりの仮説を立て、具体的なプランを検討した上で、打ち合わせに臨まなければならないのである。学生たちはブライダルに関する知識が乏しいために、具体的なプランの提示や要望のヒアリングができず、ディスカッションすら思うように進められなかった。既有知識ではプロジェクトを停滞させてしまうという事態に直面し、このコンフリクトを乗り越えるために自主的に学び始めた。

図 6-3　学生制作のウエルカムボード　　　図 6-4　挙式風景

　提案活動とその振り返り、自主学習を繰り返した結果、ブライダルの基礎知識はなんとなく分かったというレベルから、日本の挙式スタイルの違いや演出の違いや、新郎の雰囲気に合ったおすすめのコーディネートなどを説明できるレベルになった。さらに、点と点で捉えていた知識を自分たちの考えや新郎新婦の要望を踏まえて、一つのストーリーのある挙式としてまとめ直すことを学び、知識獲得のレベルを超えるPBLの学びが展開された。

　また、新婦との交流により、挙式の意味合いと自分たちの責任の重みを痛感し、「本当に挙式を取り組ませてもらってもいいのですか？」と、授業後に新婦に相談した学生もいた。「みんなの勉強のための役に立てるなら、自分たちもぜひ協力したい」という新婦の言葉に、プロジェクトを通じて、今の学習が誰かの役に立つことや将来の目標につながることにも気づき、「中途半端な知識や態度では申し訳ない」という気持ちを持った。このようなことが、ブライダルコーディネーターとして必要となる人間性の涵養につながる学びであり、これが座学を上回るPBLの醍醐味である。

　挙式開催までに学生は自主的にウェルカムボード(図6-3を参照)や案内状、装飾品などを制作し、当日は、司会進行、音響、アテンドなど、全てを学生のみで行った。校舎のエントランスでの開催ではあったが、立派な挙式となり、その空間が感動的な空気に包まれた(図6-4を参照)。感動のあまり涙を流す学生と新婦の姿が印象的だった。学生と新郎新婦がこの挙式に同じ価値

や意義を感じ取った瞬間となり、プロジェクトとしても成功した。授業の最後には、学生から「頑張ってきて良かったと思えたし、メンバーにも先生にも感謝している」という感想も述べられた。

　教員と学生の関係は、プロジェクトはお互いに協力して作り上げていくものであるという共通認識のもと、一方通行ではなく双方向の関係を構築することが理想である。教員は授業進行のファシリテーターであり、プロジェクトの責任者であり、さらには学生の良き理解者という役割となった。とくに、良き理解者として、個人ワークや授業後にごく自然に学生に混じって隣に座り、1対1で話をする時間を確保することが多かった。最初は積極的に参加できていなかった学生からも「立場的にしっかりとしないといけない、欠席しないように気をつける」、「頑張ってやっているメンバーに申し訳ない」など、授業での悩みや意見を聞くことができ、この取り組みが授業評価や授業改善としても役立った。

第3節　今後の展望

　授業を終えて、新婦の「もっとレベルの高いブライダルコーディネーターさんはたくさんいますが、これから勉強し経験したらすぐに身につきます。でも、皆がしてくれたやさしい気遣いや温かな表情は、なかなかできるものでないと思います」といった感想を見ると、学生のプロジェクトへの取り組みは満足できる水準であった。全人的教育を目標とするブライダル教育において、今回のようなPBL型授業が効果的な手法の一つだと思われる。

　学生からは「授業で話し合ったりするなかでメンバーとの仲も深まったり、今まであまり話すことのなかった人とも話すようになったり、出会いの場でもあった」、「就職活動や、就職してからも、企画力や、メンバーで協力して一つのものを作り上げていくことの楽しさ等を生かしていきたい」など、メンバーとの深い交流が学生生活や今後の社会生活に役立つといった意見や感想が多く見られた。しかしながら、どのような能力が身につき、どのような

場面でそれが生かせるかといった学びについての省察がまだまだ希薄である。いかに学生の学びを深めていくか、さらに検討が必要である。

> **まとめ**
>
> ・PBL型授業のテーマ設定のポイントについて、①模擬ではなく本物であること、②実現可能性が高いこと、③学生の有意義な経験や学びにつながること、と3点示した。これらは、プロジェクトへの学生の学習意欲や責任感を高めるポイントでもある。
>
> ・PBL型授業の設計には、①まず問題に出合う、②どうしたら解決できるかを論理的に考える、③相互に話し合い、何を調べるかを明らかにする、④自主的に学習する、⑤新たに獲得した知識を問題に適用する、⑥学習したことを要約するという問題基盤型PBLの学習プロセスが参考になる。
>
> ・プロジェクトの中で学生の思考を深化させるには、①振り返る→②問題点や課題を発見する→③解決策を考える→④議論する→⑤自主的に学習する→⑥新たな知識を活用するという学びの循環を数回経験できるような仕掛けが必要である。

文献

B.マジェンダ・竹尾恵子 (2004).『PBLのすすめ―教えられる学習から自ら解決する学習へ―』学習研究社.

同志社大学PBL推進支援センター (2012).『自律的学習意欲を引き出す!―PBL導入のための手引き―』同志社大学.

石井英真(2010).「アメリカの場合―カリキュラム設計における『工学的アプローチ』の再構築へ―」松下佳代(編)『〈新しい能力〉は教育は変えるか―学力・リテラシー・コンピテンシー―』ミネルヴァ書房, 251-280頁.

公益社団法人日本ブライダル文化振興協会 (2011).『アシスタント・ブライダル・コーディネーター (ABC検定テキスト)』公益社団法人日本ブライダル文化振興協会.

松下佳代(2014).「大学から仕事へのトランジションにおける〈新しい能力〉―その意

味の相対化―」溝上慎一・松下佳代(編)『高校・大学から仕事へのトランジション―変容する能力・アイデンティティと教育―』ナカニシヤ出版，91-117頁．
松下佳代(2015)．「ディープ・アクティブラーニングへの誘い」松下佳代(編)『ディープ・アクティブラーニング』勁草書房出版，1-42頁．
溝上慎一 (2014)．『アクティブラーニングと教授学習パラダイムの転換』東信堂．
杉江修治 (2011)．『協同学習入門』ナカニシヤ出版．
安永悟 (2015)．「協同による活動性の高い授業づくり－深い変化成長を実感できる授業をめざして－」松下佳代・京都大学高等教育研究開発推進センター(編)『ディープ・アクティブラーニング－大学授業を深化させるために－』勁草書房，113-139頁．

第7章 高等学校での探究型学習とアクティブラーニング

飯澤　功（京都市立堀川高等学校）

第1節　はじめに

　京都市立堀川高等学校(以下，堀川高校)には、生徒の探究する態度と能力を育成することを目的とした「探究基礎」という授業がある。この授業は平成11年に新設された人間探究科・自然探究科の専門科目(当時)であり、いわば、新学科の看板科目であった。平成11年に告示され15年から実施された学習指導要領で創設された総合的な学習の時間や教科「情報」に先行して実施されたこの授業には、教科書はなく、当時の授業運営担当となった教員は『知の技法』を参考に授業を組み立てた(荒瀬, 2007)。

　現在、この授業は「社会と情報」の一部の内容と「総合的な学習の時間」を連関させつつ実施されている。生徒は1年～2年前期までの1年半の間に、探究を進めるための基本的な知識・技能を身につけた上で、実際に自分自身で設定した課題の解決に向けた調査・研究活動を計画し、実施する。また、それらの成果をポスター形式で発表し議論することで、自分の活動で不足している点に気づくとともに、新たな視点を取り入れ、論文にまとめる。また、論文をまとめた後には、この授業で学んだことを振り返り、活動の経過とそこで学んだことを記述する。このような生徒の活動面を見ただけでも、この授業は「書く・話す・発表するなどの活動への関与と、そこで生じる認知プロセスの外化を伴」っている点で、アクティブラーニングの一つの形態である。

本章では、高等学校でのアクティブラーニング実践の一例としての、堀川高校の「探究基礎」を紹介する。第2節では、生徒に探究活動をさせるような取組みを計画・実施・評価する際に必要となる目標を、学校全体の教育目標に関連づけることの重要性と、堀川高校における目標について述べる。第3節では、堀川高校の「探究基礎」の概略と、この授業を円滑・効果的に実施するための教員体制を紹介する。第4節では「探究基礎」の授業形態や1年半の流れについて具体例を交えながら述べる。

> 各巻との関連づけ
>
> 第4巻の「大学教育におけるアクティブラーニングとは」と題する第2章（溝上慎一）で、アクティブラーニングを定義し、同巻第3章「高等学校に降りてきたアクティブラーニング」（溝上慎一）では、高等学校（初等中等教育）における「アクティブラーニング」との関係を、中央教育審議会の教育課程企画特別部会から出された『論点整理』（2015年8月26日）をもとに説明しています。

第2節　学校の教育目標を「探究基礎」で達成する

(1) 学校全体の目標の中での位置づけを明確に

堀川高校では、「総合的な学習の時間」において課題探究型の授業を実施している。総合的な学習の時間の目標・内容は、高等学校学習指導要領において、

> 第1　目標
> 　横断的・総合的な学習や探究的な学習を通して，自ら課題を見付け，自ら学び，自ら考え，主体的に判断し，よりよく問題を解決する資質や能力を育成するとともに，学び方やものの考え方を身に付け，問題の解決や探究活動に主体的，創造的，協同的に取り組む態度を育て，自己の在り方生き方を考えることができるようにする。

> 第2 各学校において定める目標及び内容
> 1 目標
> 　各学校においては，第1の目標を踏まえ，各学校の総合的な学習の時間の目標を定める。
> 2 内容
> 　各学校においては，第1の目標を踏まえ，各学校の総合的な学習の時間の内容を定める。

　と書かれているように、各学校で定めなければならない。その際、学校における全教育活動と関連づけ、とくに「地域や学校、生徒の実態等に応じて」「創意工夫を生かした教育活動を行うこと」が求められている。よって、総合的な学習の時間で探究的な活動をする場合には、単に探究的な活動をすすめることを目的とするだけでなく、学校の実態に合わせ、また、学校の教育目標とも関連づけた目的を設定する必要がある。

　これは、総合的な学習の時間で探究型学習を実施する場合に限らず、アクティブラーニングをもたらす取組みを考える上で、重要な過程といえる。その理由の一つは、学校における主体性を育成するような種々の取組みを進めるうえで、学校の全体の教育目標に結びつけられるような目標を設定することは、その取組の質を担保するためにも有効な方法だからである。複数の教員が関わる授業でアクティブラーニングを実施する際、「担当教員間で科目の実施目的が共有されていない」がために「教員の関与の度合いに濃淡がある」場合、教員の関与が少なすぎて学生の最終成果の達成レベルも低い水準にとどまるといった問題が生じたり、逆に教員が関与しすぎることで、学生の力を伸長させる機会を失ってしまったりすることがあるという事例がある（中部地域大学グループ・東海Aチーム編，2014）。そのような状況を避けるためには「適切なカリキュラムを構築した上で、最終的にプロジェクト活動科目により何を目指すのか、取り組みの指標を明確に示し、担当教員全員が認識を

共有することが必要」であるとされている。

　もう一つの理由は、探究的な取組みを学校全体の教育目標に照らし合わせて設定することで、他の教科の授業や他の取組との関連性を教員・生徒が認識しやすくなり、他の取組とあわせた相乗効果が期待しやすくなるからである。たとえば堀川高校では、教科の授業において探究的な取組みで生徒が身につけた力をさらに活用するような工夫を取り入れたり、探究基礎の授業で取り入れた指導法を他の授業で生かしたり、また、進路指導の場面でも探究基礎のながれや内容を踏まえている。

　探究基礎という授業が設置されてからの16年間には、目的の確認が十分でないまま、他校で実施をしていて効果をあげているから、という理由だけで実施した取組みもある。もちろん他校で得られたような効果は得られるが、授業の流れの中で浮いた取組となってしまったことは否めなかった。一例をあげると、大学研究室への訪問である。個人で探究活動をすすめる段階に入る直前、大学研究室への訪問という取組みを実施した。その結果、訪問した研究室の研究分野への生徒の理解は深まったが、探究するという行為そのものへの理解が深まらなかった。その上、研究室との調整に時間がとられる一方、堀川高校の教員の研究指導力の向上につながりづらく、生徒に探究をさせるという目標を達成するために適切な取組みとはならなかった。そういった失敗体験からも、堀川高校では学校全体の教育目標、そして授業の目的と目標を明確にしながら授業デザインを行うよう心掛けている。

(2) 堀川高校での位置づけ
　ここで、堀川高校では学校全体の教育目標の中で、探究基礎はどのように位置づけられているかを簡単に述べておきたい。堀川高校の最高目標は「自立する18歳の育成」である。ここで「自立」とは、社会的自立、すなわち社会の中で他者と人間関係を保ちつつ適切に依存しあえるという意味であり、いわば「社会的に孤立しない」という意味で用いている。このような「自立」に向けて、堀川高校では「自分がしたいこと」「自分ができること」「社会(他者)

ら求められていること」を自覚するとともに、学習活動・体験・人間関係を通じて、それらを豊かにしていく必要があると考えている。つまり学校が果たすべき役割は、さまざまな学習活動を通じて、生徒が「自分がしたいこと」に出会い、「自分ができること」を豊かにする機会や、実世界や学問上に存在している問題や自分たちが「社会から求められていること」を学ぶ機会を提供することである。加えて、学校という人が集まる場でこのような学びを効果的にすすめるために重要なのは「他者との対話」である。その基礎となるのは、言語能力であり「ことば」を大事にする態度である。よって、これらの育成も堀川高校の重要なミッションであるといえる。

　このような学校全体の教育方針の中で、探究基礎は重要な位置づけを占めている。「自分がしたいこと」を自覚させるという経験を積ませるとともに、それを豊かにするための方策や考え方に気づかせるために、探究する課題は、教員が与えるのではなく、自分自身で設定をさせる。探究基礎を終えた生徒の多くは「課題設定が一番難しかった」というような感想を述べる。そのうえで、「探究はとてもしんどいので、自分が本当に興味を持てる課題を設定した方がよい」という実感をもつこともあれば、「やりたい課題をみつけるには、本や普段の授業の中にヒントがある」などの気づきを得ている。また、仮に課題を設定できたとしても、その課題を解決するための手法を考える段階で、まだ知らない概念や習得していない技術が必要となることに気づき、「自分ができること」を自覚することになる。このような体験が、たとえば「教科学習は自分が取り組みたい課題に取り組むために必要な知識・技能を身につける機会である」という気づきを促し、今はここまでしかできないが、将来こういったことを学びたい、という意欲につながる。加えて、研究を論文にまとめる段階では、序論に自分の研究が自分以外の誰か（広いところでは社会，狭いところでは特定の学問分野の研究者）にとってどのような意味があるか、という研究意義を述べるように指導している。もちろん課題設定の段階で社会的意義を考慮する生徒もいるが、自分の興味を優先して課題設定をした生徒は、この段階で自分の研究の意義について考える機会を得る。つまり、生徒は自

分がしたいことと「社会から求められていること」の接点を探るという経験をする。

このように、堀川高校の探究活動は、学校全体の目標に関連づけてデザインされており、全体の教育目標を達成するための手段として現在の探究活動という形態を選択しているに過ぎない。もしも、学校の目標が異なり、探究活動の目的も異なるのであれば、探究活動の組み立ては全く異なるものになる。たとえば、実際に特定の学問分野の研究手法を身につけることが目標になるのであれば、生徒に課題設定をさせるよりも、課題を与えた方が効果的であろう。あるいは、探究活動という形態がそぐわない場合も十分に考えうる。アクティブラーニングを狙った取組みの実施形態は多様であり、学校全体の教育目標につながる目標を立て、目標達成にもっとも適した形式や授業計画をそれぞれの学校で考えていく必要がある。

第3節　取組みの改善と教員間での共有がなされる「探究基礎」の教員体制

(1) 授業時間・単位

堀川高校は、普通科および探究する能力と態度を養う専門学科である人間探究科・自然探究科を設置しており、いずれの学科にも探究するために必要な専門的な知識、技術及び技能を習得させることを目的とした「探究基礎」を開講している。これらの授業は、総合的な学習の時間・専門教科・教科「情報」を組み合わせて実施している。学科により構成する総合的な学習の時間・専門教科・教科「情報」の授業時間数と校内呼称が異なる(表7-1を参照)。「探究基礎」は、「探究する上での基礎となる知識・技能を学ぶ期間」、「具体的な対象を調査するための技術を学ぶ期間」、そして「これまで身につけたことを活用し実際に探究活動を実践する期間」の三段階に分けており、それぞれHOP(1年前期)、STEP(1年後期)、JUMP(2年前期)と呼称している。講義・実習・演習を経て、課題設定能力・課題解決能力を高めながら、2年前期終了時には課題研究が完結できるような指導を行っている。

表7-1「探究基礎」のあらまし

学年・学期 (別称)		1年前期(HOP)	1年後期(STEP)	2年前期(JUMP)
授業名	普通科	社会と情報** (2単位のうち、前期2時間：1単位分)	探究基礎Ⅰ*** (後期2時間分)	探究基礎Ⅱ*** (前期2時間分)
	探究学科群*	探究基礎Ⅰα** (2単位のうち、前期2時間：1単位分)	探究基礎Ⅰβ*** (後期2時間分)	
位置づけと目標		探究の「型」を学ぶ＝探究の具体的方法を学ぶ前に、どの分野を探究する上でも必要な探究の進め方や、表現の仕方を学ぶ	探究の「術(すべ)」を身につける＝学問分野ごとに整備されている具体的な調査技法(実験・フィールドワーク・資料の見方など)を学ぶ	探究の「道」を知る＝実際に探究活動をすすめることで、普遍的な探究能力を高める。
授業の形式 (同一時間帯に2クラスが授業)		2クラス同時進行 あるいは、クラスの半数×4講座同時進行	少人数講座(ゼミ)での授業 ゼミ生徒数10名程度 普通科8講座、探究学科群9講座	少人数講座(ゼミ)での授業 ゼミ生徒数10名程度 普通科8講座、探究学科群9講座
授業担当者		国語科・英語科・数学科(探究学科群のみ)・情報科(普通科は2名)	ゼミを担当する教科から1～2名 ゼミ毎にTA(注) 1名	ゼミを担当する教科から1～2名 ゼミ毎にTA 1～2名

* 人間探究科・自然探究科を合わせた呼称。この二学科は選抜時では一括募集であり、1年11月に学科を選択し、2年次からそれぞれの学科に配属される。
** 「社会と情報」と「探究基礎Ⅰα」は、前期のみ2時間の授業と通年1時間の授業を併せた通年2単位の科目である。
***「探究基礎Ⅰ」「探究基礎Ⅰβ」「探究基礎Ⅱ」は、「総合的な学習の時間」の校内呼称である。

(2) 教員体制

　堀川高校では、探究基礎の授業の企画立案を行う分掌が存在し(企画研究部)、授業の目的や昨年度の生じた課題、そして種々の研究指定の趣旨を踏まえて、半年間の流れやそれぞれの授業の原案を作成する。その後、担任団

の探究基礎担当と学年の指導方針や他の取組みとの整合性などを確認する「企画立案会議」と呼ばれる会議を経て修正がなされ、実際に授業を担当する教員に原案を提示し授業者の立場からみた内容の確認・協議をするための会議である「担当者会議」で授業内容が決まる。

　HOPでは、国語科・英語科・情報科・数学科（普通科は数学科の代わりに情報科がもう1名）の教員が1名ずつ、計4人が2クラスの生徒を担当している（図7-1を参照）。STEP・JUMPではゼミと呼ばれる10人程度の少人数講座（後述）を基本2名の教員と1～2名のTAが担当する（図7-2を参照）。

図7-1　探究基礎HOPにおける担当教員

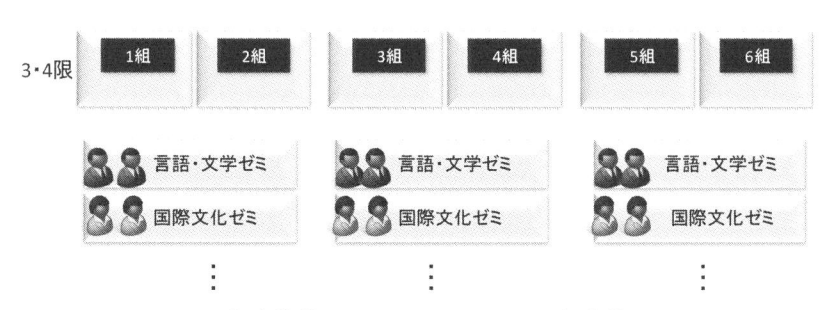

図7-2　探究基礎STEP・JUMPにおける担当教員

　このように探究基礎に関わる教員の延べ人数は、分掌・学年団からなる運営担当者と、実際の授業担当者をあわせると、全教職員数と近い数字となる。

もちろん、異なる曜日の授業を同時に担当することもあれば、運営と授業を同時に担当することもあるので、ある年度に探究基礎に関わりを持つ教員は、実際には全教職員の6～7割程度である。それでも、数年間でほぼすべての教員が探究活動に関わる機会を持つことになり、それが、この授業の目的や重要性に対する学校全体の共通理解を深めることにつながっている。

(3) 研修会や会議の役割

4月には新転任者を含めた「探究基礎」に関わる校内研修を実施し、学校の教育目標につながる探究基礎の目的や、基本的な指導方針を共有するとともに、初めて担当する教員の不安を解消するような具体的な指導法や事例の共有を行っている。たとえば、よくある不安として、生徒が個別に課題設定をするということは、生徒の研究テーマが多岐にわたり、自分が詳しくない内容についても指導をしなければならなくなるのではないか、ということが挙げられる。そこで、この研修では「探究基礎」での教員が果たすべき役割は生徒に「教えること」ではなく、生徒の探究活動に興味を持つことであり、生徒に考えることを促すことにある、ということを強調している。つまり、教員の役割は、生徒の探究活動を理解するために、指導者自身が素朴に疑問に思ったことを「問いかけること」であり、どうしたらいいか、と尋ねてくる生徒に対して、どうしたらいいと思うか、と「問いかけること」である、ということを共有している。

また、前述の企画立案会議や担当者会議では、探究基礎全体の目的やそれぞれの授業の目的を達成するために、提案された授業の流れや授業内の取組が合理的であるか、生徒の実態に合ったものであるかなどについて協議がなされる。これらの協議も、探究の指導経験が豊富な教員から、経験の浅い教員へと理念・探究の流れ・指導方法の伝達機会として重要である。

第4節 「探究基礎」の流れ

この節では、1年半の探究基礎の具体的な流れを経時的に示す。

(1) 宿泊研修

探究活動が具体的にどのようなものかわからないまま「探究する上での基礎となる知識・技能を学ぶ」ことになると、積極的に学ぶ動機づけがなされない可能性がある。そこで、堀川高校では新入生に対して探究活動を実際に行わせ、自分たちの現在の探究する力を自覚させ、今後どのような力が必要かを理解させることを目的とした1泊2日の宿泊研修を実施している。

1日目には、6～7人ほどのグループで教員から与えられた課題について解決することを目的とした探究活動を3時間行い、2日目にはその成果をポスター形式で発表している。課題は3種類のうちから各グループに一つ与えられる。ただし、この課題は教員がすべて考えるわけではなく、1年上の上級生からアイデアを公募し、それらのうち、探究活動として興味深く、具体的な目標が与えられそうなものについて教職員が修正をした上で実施している。課題は、図書館もなければ、パソコンもないような宿泊研修場所で実施することを想定し、頭と手持ちのありあわせの道具、そして、その場でできる検証法を考え出せるようなものを出している。2時間程度の活動で、グループで結論を出し、残りの1時間で、翌日の発表に向けて、模造紙に内容をまとめる。2日目には、自分たちのグループの結論を、ポスター形式で2回発表する。1回目は、同じ課題に取り組んだグループを集め発表させるが、2回目は別の課題に取り組んだグループを集め互いに発表させることで、聞き手の理解によって話す内容を変えるなどの対応が必要であることを理解させている。

(2) HOP

HOPでは、探究の「型」を学ぶことを目標とし、大きく二つの段階に分かれる。まず、講義・実習などを通じて探究のすすめ方や、そのために必要と

なる基本的な手法(情報の収集や整理，活用の仕方，論文作成の基礎，発表の方法等)といったリサーチリテラシーを身につけさせる。次に、情報機器やソフトウェアを活用して、教員が与えた問題に関して調査活動を行い、実際に論文を作成させ、発表させることで、学んだ内容の定着を図っている(**表7-2**を参照)。

表7-2 探究基礎HOPのながれ。平成26年度の概略である

回	分野・単元等	授業形式	主な授業内容
1	1.すべては君の「知りたい」から始まる	クラスごとに一斉授業	＊探究五箇条 ＊メタ認知 ＊クリティカルシンキング ＊心の理論
2	2.「論文」論		＊論文とは何か ＊論証の具体的構造 ＊真と偽 ＊事実と意見
3	3a. 論文の「論」は論理の「論」		＊説得力＝妥当な推論×確からしい前提 ＊妥当性って？ ＊隠れた前提って？ ＊前提の正しさって？ Part.1
4	3b. データ分析と解釈		＊統計データの裏を確認する ＊前提の正しさって？ Part.2 ＊クリティカルシンキングonデータ ＊結論ありきのデータ資料
5	5a. 文献を入手する	論文テーマで2クラスを2分割	＊文献検索 ＊図書館の利用法
6	5b. データの入手と加工		＊主張の根拠となるデータの入手 ＊Excelの使い方 ＊表計算，グラフの加工の仕方
7	7. 課題設定論		＊問題意識から発する問いを多角的に見つめる ＊仮説を立てる ＊論証の真偽を論証するために必要な理由と証拠の目算を立てる
8	8. 文献の読解と引用作法		＊著作権，剽窃 ＊参考文献表の作成法 ＊本文中の引用方法

9	9.論文らしい表現	個人活動	＊論文読み書きのルールって？ ＊序論・本論・結論のロジックを組み立てる ＊パラグラフライティング
10	10.序論は最後に	個人活動	＊序論の書き方 ＊研究意義とは ＊アウトラインをパワーポイントで作る
11	11.発表資料作成①		＊ポスター発表とは ＊パワーポイントで資料の作成
12	12.発表資料作成②		＊パワーポイントで資料の作成
13	13.発表	ポスター発表	＊発表を通して対話する
14	14.論文執筆①	個人活動	＊論文執筆 ＊発表で得た気づきを論文執筆に生かす
15	15.論文執筆②		＊論文締切

　HOPでは、参考図書として用いている『大学生のためのリサーチリテラシー入門―研究のための8つの力―』を用いながら、単に探究の「型」を探究のためだけのものとして伝えるのではなく、それ以外の場面でも活用できるように伝える工夫がなされている。たとえば、研究の流れを説明する授業では、探究のGOALは自分の知りたいことを知ることであり、そのためには仮説を設定し、その仮説を検証するための方法を考え出す必要があり(PLAN)、その方法に従い、実際に調査・実験などをすすめ(DO)、その結果、仮説が肯定あるいは棄却されたかを考え(CHECK)、仮説が検証できなかった場合や、新たな課題が発見されたりした場合は、次の方策を考える(ACTION)、というような説明をすることで、PDCAサイクルと共通することを示している。これにより、探究の進め方が、(学習活動も含む)あらゆる目的達成のためのプロジェクトの進め方に通じることを意識させている。

　また、実践をする前に型を教える、という形態をとる場合、具体的な活用の場面がないことで、学習することが何につながるのかという関連性を生徒が自覚できず、学習の動機づけがなされないという問題が生じやすい。そこで、次の授業で扱う内容に関連しつつ、興味をもって取り組めるような課題

を課している。たとえば、データ収集のバイアスに関する授業の前には「情報番組を作っている立場であるとして、上司から『今、猫がペットとして人気である』ということを示すような調査をでっち上げろと言われたら、どのような場所で調査を行うか」というロールプレイをするような課題を与えたり、「『メタ認知』がどのようなものかを示すために、メタ認知ができている場合とできていない場合の差が顕著に表れるような状況を示した寸劇の脚本を書く」という探究活動とは直接関係がなさそうな課題を与えたりすることで、生徒の興味を引きつつ、次の授業内容の必要性や意義が理解できるようにしている。

(3) STEP

　1年後期のSTEPは、探究の「術」を身につける期間である。この期間では、探究の目的を達成するためにどのような方針を立てればよいか、実際に研究を進める際にどのような知識・技術が必要となるか、それらをどのように役立てるかといったことを見通し、課題解決に向けた戦術を立てられる能力を身につけることを目標としている。そのために、具体的な探究の手法、たとえば実験・観察・調査計画の立て方、結果の分析方法、テクストの解釈の方法、議論の仕方などを学ぶ。このような具体的な手法を学ぶためには、実際の研究分野における手法を学ぶ必要がある。そこで、この期間から生徒は専門分野ごと開設された少人数講座(ゼミ)に分かれる。それぞれのゼミは各教科あるいは小教科で担当しており、この期間の目的や評価に関する内容(評価の材料となるレポートの提出を少なくとも2回課す，など)は決まっているが、具体的な指導内容は教科に任されている(**表7-3**を参照)。普通科のゼミ(担当教科)は、言語・文学(国語科)、人文科学(地歴・公民科)、国際文化(英語科)、社会科学(地歴・公民科)、数学・情報(数学科・情報科)、生物学・化学(理科)、物理・地学(理科)、スポーツ・生活科学(保健体育科・家庭科)の8講座であり、人間探究科・自然探究科は合同で授業を展開しており、言語・文学(国語科)、人文社会(地歴・公民科)、国際文化(英語科)、物理(理科)、化学(理科)、生物

(理科)、地学(理科)、数学(数学科)、情報科学(情報科)の9講座である。

　普通科における文理選択および探究学科群における学科選択(11月)の前にゼミ配属が決定(10月)するが、学科選択とゼミの文理は固定されていない。ただし、進路選択への意識を高めるきっかけとなるよう、進路学習と関連づけている。また、ゼミの配属の際には、担任団中心に生徒の希望をもとにした振り分けを行うため、ゼミごとの所属生徒数は年度によって多少変動する。

表7-3　探究基礎STEPのながれ

単元		月	主な内容
Aレポート		10	秋課題の交流など
			ゼミ活動(TAの指導補助がスタート)
			ゼミ活動
		11	ゼミ活動
			ゼミ活動
			ゼミ活動
課題設定	Bレポート	12	ゼミ活動
			ゼミ活動, JUMPに向けた課題設定の取組みを開始
			Aレポート提出締切, ゼミ交流会
		1	ゼミ活動
			ゼミ活動
			ゼミ活動
		2	ゼミ活動, まとめの会のスライド準備
			ゼミ活動
			ゼミ活動, Bレポート提出締切, STEPまとめの会

　ここから、STEPの流れを、著者が担当している地学ゼミを例に挙げながら述べる。STEPでは、どのゼミであっても少なくとも2回のレポートを課すことになっており、地学ゼミはその二つのレポート(A・Bレポート)の提出に合わせて大きく二つの内容を行っている。一つは、天体のスペクトルに関する実習であり、もう一つは測定装置の製作実習である。

　前半の天体スペクトルに関する実習では、天体観測技術、分光・測光観測

の技術を身につけつつ、「測定の基本的な考え方」「測定誤差を含むデータから真値を推定する方法」「先行研究を参考にしつつ、自分の実験・観測結果を説明できるようなモデルを提示するという科学的な考察のありかた」について学ぶ。とくに、天文分野では「宇宙や天体に興味はあるが、実際に天体観測をしたことはない」という生徒も多く、秋から冬にかけての冷え込む夜間に屋上で観測をするという実体験を通じて、観測の面白さと同時に厳しさも知ることができる。

後半の測定装置製作実習では、生徒は二人一組となり100円ショップで入手可能な商品を4品まで用いることができるという限られた条件で、自分たちが決めた物理量を測定する装置を製作するという活動を行う。この活動を通して「設計し実装した上でフィードバックする重要性」を理解し、「目標達成のために目的外利用などの柔軟な発想で考案するという心構え」「自分自身が考案し他者が知らないことを伝えきる技術」などを身につける。この活動は、かつてJUMPにおいて「こういう量が測れる機械はありませんか？」と尋ねられることが多く、自分が欲しいデータが簡単に得られる道具が既に存在している、と考える生徒が多いと考えられたために取り入れた。実際にSTEPでこの活動を取り入れた後、JUMPにおける生徒の個人探究活動における実験装置・手法の工夫が多くみられるようになった。

STEPの後半では、JUMPでどのような課題を探究するかということについても考えをすすめさせていく。実際に個人で探究活動をすすめる期間は半年しかなく、課題設定に十分な時間をとることができないためである。

(4) JUMP

JUMPは、実際に探究活動を行うことで普遍的な探究能力、いわば探究の「道」を実践的に知ることを目的とした期間である。最終目標である論文作成に向け、生徒それぞれの探究活動計画を作成し、それをゼミ内の中間発表会で交流する。その後、教員・TAの指導のもと、実験・調査活動を行う。ゼミ内でポスターなどを用いて発表会を行い、教員・TAよりアドバイスや批

判を受けそれを反映する。その後、ポスター発表会で再度、教員や外部の見学者からアドバイスや批判を受ける。それらの内容をふまえて論文の手直しも必要に応じて行い、最終提出する(**表7-4**を参照)。

表7-4　探究基礎JUMPのながれ

単元	月	主な内容
Ⅰ テーマ設定	4	授業開始(春休みの調査に基づく「研究計画書」提出)
		ゼミ活動(調査)
		ゼミ活動(調査・試行実験)
Ⅱ 研究計画書	5	ゼミ活動(調査・試行実験)
		調査・試行実験に基づく研究計画書の改定作業
		中間発表会(ゼミ内)
Ⅲ 調査・実験	6	ゼミ活動(調査・実験)
Ⅳ 予稿集の作成	7	ゼミ活動(調査・実験)
		ゼミ活動,要旨・論文の書き方指導,予稿の作成
		ゼミ活動,TA面談の準備(論文アウトラインの作成)
		TAによる面談(アウトラインを持参,論文に向けた指導)
Ⅴ 論文作成	8	論文作成/TAによる論文添削/TA添削終了後,担当者添削
Ⅵ 論文修正とポスター発表会	9	放課後も利用し,論文修正とポスター作成
		ゼミ内発表会,ポスター修正
		前日準備/ポスター発表会
		論文修正・添削・完成,論文提出に関する確認書の提出,/論文最終提出
Ⅶ 体験記集作成	11	論文確定版

　この期間のはじめに、生徒は課題設定の困難に直面する。レポート・論文の書き方に関する書籍の多くで、この段階がもっとも重要であり、また、困難を伴うとされている。生徒が感じる課題設定の困難は大きく二つに分類できる。探究につながるような問題意識をそもそも持てないということと、漠然とした問題意識を自分の力で解決ができるような課題に具体化することで

ある。探究活動を終えた生徒の振り返りによれば、研究課題を決定するきっかけになることは、「前から興味があったこと・好きな分野のこと」「STEPで行った実験」「日常生活(掃除のモップ・高分子吸収体・水道水の次亜塩素酸)で疑問に思ったこと」「本(教科書・新聞・図鑑)に書いてあった記述や前に聞いたことを実際に確かめようと思ったこと」「別の授業で扱われた教材に興味をもったこと」などがある。こういった先輩の事例を紹介しつつ、普段から興味があったり好きな分野のことを調べるよう促したり、書籍やニュースに触れるとき、あるいは通常の教科授業を受けるときにも、何か探究できそうなことはないかという気持ちで接するよう促すことが、問題意識の発見に役立つものと思われる。また、同じく生徒の振り返りによれば、漠然とした問題意識を具体化する際に有効だと感じたことは、教員・TAから紹介された関連する書籍や、教員・TAとの議論であった。よって、漠然とした問題意識を持てた生徒に対しては、指導者が関連するキーワードや書籍を紹介したり、生徒の問題意識を聞き取りながら「なぜ興味をもったの？」「具体的に言うと？」「たとえば？」などの問いかけをしたりすることで、生徒の問題意識が具体化されるものと思われる。この際、問いかける項目については、「ビリヤード法」(戸田山、2012)を参考にしており、また、問いかけ方については、『文章チュータリングの理念と実践―早稲田大学ライティング・センターでの取り組み―』(佐渡島・太田編、2013)を参考にしている。

　この授業の目的は実際に探究活動(答えが用意されていない問題に自分なりの理屈で答えをだし、他者に伝えること)をさせることにより、分野によらない普遍的な探究能力を伸長することであり、新知見が求められるような研究をさせることが目的ではない。よって堀川高校における適切な探究課題の規準となる一つの目安は、「学校図書館・公立図書館・インターネットなど情報の入手可能な範囲で、確実な答えが示されていないこと」である。ただし、研究しようとする過程で、問の着眼点・データ収集・論理性などの点においてさまざまな困難を解決しなければならない機会が増加し、普遍的な探究能力を伸長する目的が達成しやすくなると考えられる。したがって、生徒が見逃し

ている前提や条件などを、質問することで指摘するなどの指導を通じて、質の高い研究を目指すように指導している。

　JUMPの最後には、半年間の探究の実践を論文にまとめるが、その前にポスター発表会を実施している。聴衆は同学年である2年の生徒と、1年生、教員だけでなく、外部参加者として他校の教員、保護者・中学生もいる。このポスター発表会は、研究成果を一方的に発表する場ではない。論文にまとめる上で、何か自分の組み立てた論理に穴がないか、証拠の提示の仕方に説得力はあるかを第三者の視点から批判的に検討をしてもらえる機会であるとともに、自分の研究に関して議論できる場である。また、ポスター形式の発表では、時間内に何度も発表でき、また、相手によって話し方を変える工夫も求められる点で、表現に関する技能の向上も期待できる(**図7-3**)。

　ポスター発表終了後、生徒は論文を執筆し提出する。提出された論文は担当者がルーブリックによって評価をするとともに、添削をして生徒に返却される。授業後であっても論文が完成するまでやりとりが行われる(**表7-5**)。

図7-3　ポスター発表会の様子

表7-5 JUMP論文ルーブリック

JUMP論文ルーブリック		到達度		
		3	2	1
観点	要旨	研究課題、社会的意義、調査の手法や論展開、至った結論の全てを正確かつ端的に示している。	研究課題、社会的意義、調査の手法や論展開、至った結論の全てを正確かつ端的には示していない。	要旨に求められる項目が一つ以上欠けている。あるいは160字以上になってしまっている。
	研究課題	導入部分に、社会的意義が明確で、解決可能かつ衆人に価値のある研究課題を明示している。	導入部分に研究課題を明示しているものの社会的意義が明確でない。あるいは解決できそうにない。	導入部分に研究課題を明示していない。あるいは、問題意識が個人的すぎる。答えが既に一般に存在している。
	調査・研究方法	探究課題に適した、創意的な調査・研究方法を確立している。きめ細やかな調査計画が立てられている。	探究課題に適した、調査・研究方法をとっている。調査計画が多少立てられている。	探究課題に適した、調査・研究方法が立てられていない。あるいは、無計画である。
	学問領域に関する知識・理解	学問領域に関する優れた知識と理解が、論文中に示されている。用語の使用が正確である。	学問領域に関する知識と理解が、論文中にいくらか示されている。用語の使用が曖昧である。	学問領域に関する知識や理解が、論文中にいくらか示されていない。用語の使用が不正確である。
	考察・分析	収集した資料などの根拠を基に、探究課題に適した、説得力のある考えが論理的かつ明晰に示されている。	収集した資料などの根拠を基に、探究課題に適した議論をしようとしているが、表面的なものにとどまる。	収集した資料などの根拠から、議論を発展させようとしていない。
	結論	探究課題に対して適切で、かつ論文中で示した根拠から妥当な結論を導き出している。	探究課題に対して適切な結論ではあるが、論文中で示した根拠との関係が不明確である。	探究課題に対して適切な結論ではない。論文中で示した根拠と無関係である。
	全体の論理構成	以上の要素が、非常に論理的に整然と構成されている。	以上の要素が、無理なく構成されている。	以上の要素が、論理的に構成されていない。

各巻との関連づけ

ルーブリックについては、**第3巻『アクティブラーニングの評価』**所収の、「アクティブラーニングをどう評価するか」(松下佳代)、「初年次教育におけるレポート評価」(小野和宏・松下佳代)、「英語科におけるパフォーマンス評価」(田中容子)でも説明しています。

> **まとめ**
> ・総合的な学習の時間で実施するかどうかに関わらず、探究型学習に取り組む上で最も重要なのはその目的であり、学校全体の教育目標と十分にすりあわせることが大事である。
> ・その目的を達成するために探究活動やそれに向けた学習活動をデザインする必要があり、そうすることによって、取組みの改善の方向が明らかになる。

注

1 STEP以降、それぞれのゼミには、大学院生がティーチングアシスタント(TA)として指導補助に入る。教員の専門でカバーできない範囲の生徒への研究指導へのアドバイスをしてもらえることによる探究指導の補助としてだけでなく、大学院とはどのようなところで、具体的な研究の内容を大学院生から直接聞くことができるという機会にもなり、生徒の進路啓発としても意味がある。堀川高校ではSSH・SGH予算によって謝金の支払いがなされている。

文献

荒瀬克己(2007).『奇跡と呼ばれた学校―国公立大合格者30倍のひみつ―』朝日新聞出版.
文部科学省HP 参照日：2015年8月28日 http://www.mext.go.jp
佐渡島紗織・太田裕子(編)(2013).『文章チュータリングの理念と実践―早稲田大学ライティング・センターでの取り組み―』ひつじ書房.
戸田山和久(2012).『新版 論文の教室―レポートから卒論まで―』NHK出版.
中部地域大学グループ・東海Aチーム(編)(2014).『アクティブラーニング失敗事例ハンドブック』一粒書房.
山田剛史・林創(2011).『大学生のためのリサーチリテラシー入門― 研究のための8つの力―』ミネルヴァ書房.

第8章 学校設定科目「探究ナビ」におけるアクティブラーニング

木村　伸司（元大阪府教育センター附属高校）
岡本　真澄（大阪府教育センター）

第1節　はじめに

　大阪府教育センター附属高校(以下、附属高校)は大阪府立大和川高校を前身に平成23年度4月に開校した。大阪府内の高等学校のナビゲーション・スクールとして機能することを期待されており、開校当初からPISA型学力の育成、アクティブラーニングの実践を学校の基本方針として採用してきた。附属高校の学びの核となる科目が探究ナビである。探究ナビは、総合的な学習の時間とLHRを代替して行う学校設定科目として、平成22年8月より文部科学省から教育課程特例校の指定を受け開設された。3年間、週3単位で実施し、「生徒の気づきが、生徒の学びになる」を学習活動のコンセプトとして授業デザインを行っている。探究ナビでは、学年ごとにテーマ(1年「人とつながる」→2年「社会とつながる」→3年「自己の進路を切り拓く」)を定めている。1年生の「人とつながる」では、コミュニケーション能力の育成を目指しており、1学期より「聴く力」→「たずねる(調べる)力」→「話す(伝える)力」の順に授業を展開し、2学期後半から演劇を作成し上演することで、コミュニケーション能力育成の最終目標である「協同する力」をつけることを目標にしている。

　本章では、附属高校の探究ナビ(1年)の実践の中から「演劇的手法を用いたコミュニケーション能力育成プログラム」を紹介する。

第2節　演劇的手法を用いたコミュニケーション能力育成プログラム

(1) プログラムの構造と教師の役割

　演劇の授業は海外では教科として行われている(たとえば、カナダやオーストラリアなど多民族国家では「ドラマ」や「シアター」という科目名で開講され、コミュニケーション教育、異文化理解教育、市民性教育の役割を担っている)が、日本での事例(とくに、高等学校で全ての生徒が演劇的手法を用いた授業を受けている事例)は数少ない。先進校の視察を重ね、プロの劇団員に協力していただきながらプログラムを作成した。

　我々は教員なので、演劇作成や演技指導などを適切に行えるとは言えない。そこでこの部分は京都を中心に演劇活動を行っておられる「NPOフリンジシアタープロジェクト」に協力をいただいている。

　要約するとこの授業では、

1　生徒たちはグループに分かれ、話し合いながらプロットを作り、演技を考える(全員が役者として登場する)。
2　ストーリー、演技などの演劇面での指導は劇団員が行う(ただし、毎時間ではない)。
3　教員は生徒たちが演劇を考え、活動する仕組みを提供する。

という構造になっている。すこし極端で皮肉な言い方をすると、この授業では教員には演劇について専門的に「指導をする力がない」ため、生徒が主体になって動かざるを得ない。教員はteacherではいられないため、coordinatorとして生徒の活動を調整する役に回らざるをえないのである。

(2) プログラムの実際
①プログラムの目標

　このプログラムでは、グループでメンバーと協力して劇を創り上げるとい

う課題に取り組むことを通して、自己を理解するとともに、多様性を尊重する態度と互いの良さを生かして協同する力、リーダーシップやチームワーク、グループ内での自分の役割を自覚して行動する力、相手の気持ちを考えるとともに自分の気持ちを効果的に伝える方法を身につけることを目標にしている。1年生の時期に協同する喜びをしっかりと体験し、学校生活全体を支えるコミュニケーション環境を整え、探究ナビや各教科の授業でアクティブラーニングの視点を取り入れた学習活動が行いやすくなることを意としている。

②プログラムの流れ

1回目：15分程度のオリジナル芝居を劇団員が上演する。その後、クラスごと(探究ナビは2クラス合同で行われている)に活動場所を分け、コミュニケーション・ゲームをしながら体を動かし、発声する練習を行う。コミュニケーション・ゲームの最終で劇団員が任意にクラスを3グループに分け班(劇団)を作成する。附属高校では1年生は35名程度でクラス編成を行っているので、1班は12名程度で構成される。その後、劇団員が班ごとにカウンセリングを行いながら、芝居のテーマなどについてだいたいのイメージを固めていく。

2回目：教員が今回作成する劇での決まりごと(衣装や背景などは一切使わないなど)と、シナリオ作成での起承転結について説明し前回に見た芝居をビデオで上映し、ストーリーを起承転結に分解させる(図8-1、図8-2)。

いったん個人で考えさせた

シナリオ作りをする様子

後、班ごとに集め、話し合いを行い、班としての考えをまとめ発表する。その後、前回の劇団員のカウンセリングに基づいて、配役、大きな流れ(どこ

探究ナビⅠ　18－1

おかあフォンの「起承転結」を見つける

1年＿＿組＿＿番・名前＿＿＿＿＿＿＿＿＿＿

★君が考える**おかあフォン**の起承転結を簡単に書き出してゆこう。

起（物語はこうはじまる）

承（はじまった物語がふくらんでゆく）

転（今までとは違った展開、違った場所に話が移る）

結（ここまでの話をうけて物語が結末を迎える）

★起承転結を考えておかあフォンを見直して、何か気づいたことはあるかな？あれば以下に書いておこう。

君が考えた起承転結、疑問点をもとに班の中で話し合いをして、一つにまとめてゆこう。

図8-1　「起承転結」を記入させるシート(1)

144　第Ⅱ部　事例編

図8-2　「起承転結」を記入させるシート(2)

で、だれが、何が起こって、どうなる)を話し合っていかせる。この際、教員は基本的には口をはさまない。立ち上がりの鈍い班もあるが、「〇分たったよ」程度の声がけ以外はしない。生徒たちが動き出すのをひたすら我慢して待っている。これは以降の活動で共通する。大筋ができた班には声をかけて、出来上がった「流れ」に基づいて、体を動かしながらセリフを考えたり、プロットを立てたりする。芝居は台本を作らず、すべてエチュード形式で作成して行く(図8-3)。

3回目：授業開始時に班ごとに別々の活動場所を指定し

即興で体を動かしながら台詞や動作を考えていく

第8章 学校設定科目「探究ナビ」におけるアクティブラーニング 145

探究ナビⅠ 17-3

「演劇にチャレンジ」チーム別ワークシート

1年___組 チーム名:_____

メンバー(きちんと名前を書いてね)

テーマ	

場所	

登場人物と誰がそれをするか(主な登場人物を必ず決める。その他に必要な人物があれば書いておく)

----------------------------   ----------------------------
----------------------------   ----------------------------
----------------------------   ----------------------------
----------------------------   ----------------------------
----------------------------   ----------------------------
----------------------------   ----------------------------
----------------------------   (一人二役三役OK!)

出来事	

図8-3 チーム別ワークシート

探究ナビ！　19-1

演劇作成ワークシート　プロット作成（中間発表）

1年＿＿組　班名＿＿＿＿＿＿＿＿＿＿

以下の例にならい、今まで固まったプロット（筋立て）を記入して提出しなさい。途中までのものでもかまいません。提出後、印刷して班のメンバーに配布しますから、できるだけていねいな文字で、読みやすく書いてください。

※上段に場面の説明、下段に登場する人物を記入する。場面の記入はだいたいの様子を書いておけば良い。

記入例

場面1	場面2
主人公がデートしていてブランコに乗っていると怪しい3人組がやってくる。	ブランコを代われと言われて断るとケンカになる。田中がぼこぼこにされそうな時スーパーマンが現れる。
主人公：高橋　恋人：田中 3人組：西口・段野・森下	場面1と、スーパーマン（菊池）

こんな感じで場面を追って行こう。
登場人物が代わらないときは「同じ」でよい。
場面の転換ごとに書いて行こう。
※大事なセリフがあればそれも書こう。
※場面は必ずしも場所が変わっていなくても良い。話の進み具合に応じて書き留めよう。

プロット

場面1	場面2	場面3

場面4	場面5	場面6

図8-4　演劇作成ワークシート

第8章　学校設定科目「探究ナビ」におけるアクティブラーニング　147

て、移動する。生徒たちは話し合い、プロットを立て、エチュードでセリフや動きを決めて行く。劇団員は一人3班程度を担当し、活動場所を巡回し、進捗状況をチェックし、アドバイスを与える。これを何度かくり返す。教員は劇団員とは別に活動場所を巡回し、生徒の取り組み状況を個別にチェックして行き、後ほど共有する。班の中で孤立していないか、何か理由はあるのかなどを話し合うが、ほとんどは一時的なもので、問題は出ていない。時には、病欠の生徒の代役を教員が務めることもある。

4回目：基本的に前回と同じである。劇団員がいないので生徒たちのみで進行させる。活動に入るのに時間がかかる班もあるが、教員は見守る。行き詰まった点はメモを取らせて、次回劇団員が来たときに相談するように指導する。教員の根気が試される局面である。この授業をはじめたときに

プロットをメモして共有する

は、勝手に部屋を抜け出す生徒や、ただ遊んでしまう生徒が出るのではないかと心配したが、これまでにそうした生徒は一人も出なかった。明らかに生徒たちの間に自律する意識が見られる。授業開始時に時間を指定しておき、その時間になったら教員が活動場所をまわり、できた所までをビデオに撮り、動画共有サイトに上げて、班で共有するようにしていたが、3年目からは生徒がタブレット端末で撮影しておくようにした。プロットができるにしたがってホワイトボードなどに順次書かせておき、時間終了前に班ごとのワークシートにまとめさせるようにする(図8-4)。

劇団ワークシート

1年＿＿＿＿組　名前＿＿＿＿＿＿＿＿＿＿

劇団名＿＿＿＿＿＿＿＿＿＿＿＿＿＿＿＿

◆役割（＿＿に担当者の名前を入れてください。1人一つ以上担当してください。）
- 劇団代表：リーダー的なまとめ役、ムードメーカー　　　　　　＿＿＿＿＿＿＿
- 作家：ストーリーを提案する、セリフを考える　　　　　　　　＿＿＿＿＿＿＿
- 演出家：俳優の立ち位置や舞台セットを考える、演技のアドバイスをする　＿＿＿＿＿＿＿
- 記録係：板書する、ワークシートの記入や管理を行う　　　　　＿＿＿＿＿＿＿
- その他：（具体的に　　　　　　　　　　　　　　　）　　　＿＿＿＿＿＿＿

◆配役（＿＿に名前、括弧内に配役名を入れてください。足りなければ書き足してください。）
- 看板俳優：主演俳優。出演者として責任が大きい　＿＿＿＿＿＿（　　　　　　）
- 助演俳優：看板俳優の次に負担が大きい　＿＿＿＿＿＿（　　　　　　）、＿＿＿＿＿＿（　　　　　　）
　　　　　　　　　　　　　　　　　　　＿＿＿＿＿＿（　　　　　　）、＿＿＿＿＿＿（　　　　　　）
- 新人俳優：まだ初心者で演技には自信がないが頑張る　＿＿＿＿＿＿（　　　　　　）、
　＿＿＿＿＿＿（　　　　　　）、＿＿＿＿＿＿（　　　　　　）、＿＿＿＿＿＿（　　　　　　）、

◆タイトル

◆あらすじ

◆ランタイム

※上演時間は5分以上〜10分以内です。

図8-5　劇団ワークシート

第8章　学校設定科目「探究ナビ」におけるアクティブラーニング　149

|5回目|：期末試験、冬休みで前回から約1ヶ月のブランクがあるが、今までと同じく、最初に班を活動場所に分け、自分たちで進行させる。最初にこれまでのビデオや各班で作ったプロットなどを確認させるときはできるだけ教員が立ち会うようにする。しかし、その後は生徒たちに進行をまかせる。ブランクが空くので、生徒も教員もしんどい時期であるが、辛抱強く生徒が動き出すのを待っておく。ただ、毎回、授業の終わりに、今日、自分は班に対してどのような貢献をしたか、どのような役割をしたかを振り返らせているので、この頃には役割や貢献を意識して班の中で動けるようにはなっている。偶然同じ「グループ」になったメンバーが上演という同じ目標をもった「チーム」となり、その目標に向けた役割分担がなされ機能し始めるようになる。その時期に劇団ワークシート(図8-5)を記入させる。最後にビデオを撮って次回にそなえる。

|6回目|：いつものように活動場所に分かれて最後の稽古を行う。劇団員が担当の班をまわり指導をする。ここまでで、生徒たちは「身体で表現する」ことや、「全員で同じ世界を共有する」ことが理解できるようになっているので、最後のアドバイスで演劇の質が急に変化することがよく起こる。

|7回目|：クラスごとにまとまってクラス内発表を行う。生徒間で相互評価を行う。教員および劇団員は別に評価を行い、こちらの結果でクラス代表を決定する。

クラス発表の様子

8回目：クラスごとに選出された班が大阪府教育センター大ホールで発表する。この発表会には保護者や近隣中学および府下の高校の教員も観客として参加する。

(3) プログラムを通じた生徒の成長の把握

演劇づくりの学習活動の中で生徒が発揮するコミュニケーション能力は、「話す」「聞く」「発表する」など単純なものばかりではない。「フィードバックを求める、仲間が理解しているかどうかを確認する、仲間を説得する、仲間を褒める、提案する、仲間の参加を促す、脱線してしまったときに課題に引き戻す、適切なタイミングで友だちの話に口をはさむ」など複雑なコミュニケーションの技能を使いこなしながら、生徒は協同して演劇を創作していく。

本プログラムでは、こうした生徒の多様なコミュニケーション能力の成長を把握するために、「質問紙調査」(図8-6)、「ルーブリックを用いた教員・劇団員による観察評価」(図8-7)、「生徒の自己評価・相互評価」「リフレクションシート」(図8-8)など多面的な評価手法を用いて、総括的評価だけでなく学習の過程における形成的評価を行い、生徒の資質・能力がどのように伸びているかを生徒自身が把握できるような方法を検討している。

平成26年度の質問紙調査の結果からは、納得させるために相手に柔軟に対応して話を進める・自分の主張を論理的に筋道立てて説明するなど「自己主張」の項目で統計的に有意な成長が見られた。プログラム終了後に実施している自由記述アンケートでは「演劇づくりの授業を通してできるようになったと思うこと」という質問に対して、「人にわかりやすく伝える」・「知らない人と話せる」・「人の意見を受け入れ、あるときは妥協したりもしていい方向にもっていく」・「チームワーク」、「人と協力しあう」というように「自己主張」と関連深いコメントを生徒は記述している。また、担当教諭は「(生徒たちは)自主的に生き生きと活動している。教科の授業でも発表に工夫が見られ、グループワークもうまくなった。ポンとはじけて自分を出せる、そんな機会が

第8章 学校設定科目「探究ナビ」におけるアクティブラーニング 151

	1年(4期生)「コミュニケーション能力育成プログラム」 事前アンケート	

数字を書く↓　↓ていねいにぬりつぶす　以下に書かれた質問に
①全く当てはまらない　②ほとんどあてはまらない
③あまりあてはまらない　④少しあてはまる
⑤よくあてはまる　⑥非常によくあてはまる
の6つのうちどれかを選び、マークしなさい。
「ほとんど」や「あまり」などの区別は厳密に考える必要はありません。自分の気持ちから一番近いものを選びなさい。

クラス　1 2 3 4 5 6 7 8
出席番号(10の位)　0 1 2 3 4
出席番号(1の位)　0 1 2 3 4 5 6 7 8 9
名前

1	やりたいことや、欲しいものがあっても、状況を考えて、がまんする	1 2 3 4 5 6
2	自分の感情をうまくコントロールする	1 2 3 4 5 6
3	やって良いこと、悪いことを考えて行動する	1 2 3 4 5 6
4	場を読んで、そこにふさわしいふるまいをする	1 2 3 4 5 6
5	自分の考えを言葉でうまく表現する	1 2 3 4 5 6
6	自分の気持ちをしぐさでうまく表現する	1 2 3 4 5 6
7	自分の気持ちを表情でうまく表現する	1 2 3 4 5 6
8	自分の感情や心の状態を他の人に正しく気づいてもらう	1 2 3 4 5 6
9	相手の考えを、その発言から正しく読み取る	1 2 3 4 5 6
10	相手の気持ちを、しぐさから正しく読み取る	1 2 3 4 5 6
11	相手の気持ちを、表情から正しく読み取る	1 2 3 4 5 6
12	相手の感情や心の状態を敏感に感じ取る	1 2 3 4 5 6
13	会話をするときに自分で話題をリードして話を進める	1 2 3 4 5 6
14	まわりとは関係なく、自分の意見や立場をはっきりと言う	1 2 3 4 5 6
15	納得してもらうために、相手に合わせて話を進める	1 2 3 4 5 6
16	自分の意見をきちんと筋道立てて説明する	1 2 3 4 5 6
17	相手の立場や意見を自分に重ねて感じる	1 2 3 4 5 6
18	明るく、にこやかな態度で相手に接する	1 2 3 4 5 6
19	相手の意見をできるだけ受け入れる	1 2 3 4 5 6
20	相手の意見や立場を大事に考える	1 2 3 4 5 6
21	人間関係を第一に考えて行動する	1 2 3 4 5 6
22	人間関係を良い状態に保つよう心がける	1 2 3 4 5 6
23	意見が合わなくてギクシャクしてしまったときにうまく乗り切る	1 2 3 4 5 6
24	感情的な言い争いになってしまったときにうまく乗り切る	1 2 3 4 5 6

　このアンケートは、これから行う演劇プログラムを通じて、あなたがコミュニケーション能力をつける上で、どれくらい変化したかをはかるためのものです。来年の2月に同じようなアンケートを再度行い、変化を観察します。そのため、クラス番号、名前などを抜かさずにきちんと記入してください。答えるのに困る質問もあるかもしれませんが、あまり考え込まず、直感で答えるようにしてください。

図8-6　質問紙調査

観点	3	2	1
チームで取り組んでいる課題の理解 ※リフレクションシートと合わせて見ていく必要あり	自分のことだけでなく、他のメンバーがしなければならないこともわかり、指示する、手伝うなどして、チームの作業をスムーズに進めようとしている。	前の授業までの自分のチームの活動を理解し、今日、自分がしなければならないことがわかり、スムーズにその時間の活動に入っている。	今日、自分がしなければいけないことがわかっているが、参加できていない。
チームの活動の促進 【Action】	演劇づくりにおいて、チームの活動を前進させるような提案や行動ができている。	演劇づくりにおいて、自分のアイデアなどを友だちに伝えて考えを共有するが、チームの活動を前進するまでには至らない。	演劇づくりにおいて、自分のアイデアなどを友だちに伝えていない。
	(具体例)恥をかく勇気をもって演劇をよくするための行動をとっている、ムードメーカー的な役割を果たしている。		
チームの活動の促進 【Reaction】	他者の提案に対して、積極的に言葉や行動で反応している。	言葉で応答することはあまりないが、参加する態度を示している。	チームに全くかかわろうとしていない。
	(具体例)他者の提案を板書する 等	(具体例)うなづきながら聞いている等	(具体例)うつぶせている、チームから離れて見ている 等
計画的なタスク進行と管理 ※ワークシートと合わせて見ていく必要あり	演劇づくりにおいて、計画書など決められた課題を、全て締め切りまでに完成させている。また、その内容が優れている。	演劇づくりにおいて、計画書など決められた課題を、全て締め切りまでに完成させている。	演劇づくりにおいて、計画書など決められた課題を、決められた期日までに完成させて提出できない。

(2015.1.8松下改、2015.1.5改、2014.12.05改、2014.10.25松下改、2014.10.22 岡本&木村作成)

図8-7 ルーブリックを用いた教員・劇団員による観察評価

参考資料：チームワーク VALUE ルーブリック（松下佳代「パフォーマンス評価による学習の質の評価―学習評価の構図の分析にもとづいて―」『京都大学高等教育研究』第18号, 2012年, p.108）

第8章 学校設定科目「探究ナビ」におけるアクティブラーニング 153

平成26年度 4期生1年 演劇ワークショップ振り返りシート

1年( )組 ( )番 名前( )

（問1）
　グループの演劇作りのそれぞれの過程で、あなたが担った役割を記入してください。また、自分のグループへの貢献度について該当する数字に○印をつけ、そう考える理由を記入してください。

	あなたは何をしていましたか	グループへの貢献度	理　由
シナリオ作りの時		高い ←→ 低い A　B　C　D	
立ち稽古の時		高い ←→ 低い A　B　C　D	
クラス発表の時		高い ←→ 低い A　B　C　D	

（問2）演劇作りを通して、学んだことは何ですか。

（問3）演劇作りを通して、自分自身について気付いたこと、発見したことは何ですか。

（問4）演劇作りをこのグループで活動してみて、気付いたこと、発見したことは何ですか。

図8-8　生徒の自己評価・相互評価、リフレクションシート

与えられたのかな」と授業後の生徒の様子を語り、他者との協同が教室内の安全・安心の場、学習するコミュニティの形成につながり、他教科でアクティブラーニングを行いやすい基盤を醸成していることを実感している。

> 各巻との関連づけ
>
> 第3巻の「総合的な学習の時間での探究的な学びとその評価」と題する第5章(松井孝夫)で、探究的な学習の評価について論じています。また、探究的な学習は広くアクティブラーニングの一つですので、第3巻『アクティブラーニングの評価』所収の、「アクティブラーニングをどう評価するか」(松下佳代)、「初年次教育におけるレポート評価」(小野和宏・松下佳代)、「教員養成における評価―パフォーマンス評価とポートフォリオ評価―」(石井英真)、「英語科におけるパフォーマンス評価」(田中容子)、「育てたい生徒像にもとづく学校ぐるみのアクティブラーニングと評価」(下町壽男)の各章も参考になると思います。

(4) より深い学びをもたらすために——経験の構造化

　第2節(1)で述べたように、本プログラムでは教員はteacherではいられないため、coordinatorとして生徒の活動を調整する役に徹し、教員から何をインプットするかよりも、演劇の創作・他者との協同を通して「生徒が何を学ぶか」を重視することになる。探究ナビ担当者の打ち合わせ会議を週1回行っているが、本時の学習活動やねらい(学習目標)と照らし合わせて教員の役割を確認すること、振り返りの場面をプロセスのどの段階に設けるか、振り返りの場面においてどのような観点で振り返るか、またどのように経験を構造化していくかなど、問題点や課題を共有し合うことに重きを置いている。その際、ルーブリックやリフレクションシートが拠り所となっている。

(5) 教員の成長——劇団員から学ぶ、ファシリテーションスキル

　探究ナビの担当教員は、劇団員によるコミュニケーション・ゲーム、ストーリーや演技の指導から、「生徒の発言を促す」・「生徒が気づいていない視点を提示する」など劇団員が意図しつつもさりげなく行っているさまざ

なファシリテーションスキルを学び取っている。また上述の定例の打ち合わせ会議で複数の担当教員が授業の進め方を話し合う過程、本プログラムを指導する経験そのものが教員の能力開発につながっている。

　附属高校は今年（平成27年）で開校5年目を迎える。探究ナビの指導経験をもつ教員も増え、それぞれの教員が探究ナビから得た指導スキルを自身の教科指導にも取り入れ始め、教科学習におけるアクティブラーニングの実践が学校全体に広がりつつある。平成26年度の学校教育自己診断アンケート（教員向け）の質問項目「授業で考える力を育成するために指導方法の研究や改善に努めた」の肯定的評価は100％である。

(6) 課題と今後の展望

　演劇的手法を用いたコミュニケーションプログラムでは、全てのアクティブラーニングの基盤となるいわゆる「メタ認知」や「人間性に関する」資質・能力を育むことを目指しているが、生徒の学習成果をどのように評価していくかについては、今まさに研究の途上である。次期学習指導要領改訂に向けた中央教育審議会の動向を踏まえ、実行可能性のある評価手法を構築していきたい。

　また、中央教育審議会では内容ベースから資質・能力ベースへとカリキュラムの重点をシフトすることが議論の中心となっており、アクティブラーニングの視点からの不断の授業改善だけでなく、教科と教科外、さらには学校外の学びも視野に入れた資質・能力ベースのカリキュラム・マネジメントの重要性が示されている。

　附属高校では、平成26年から学年進行で、目標に準拠した観点別学習状況評価に基づくシラバスの作成と授業実践を進めている。教育課程の中核として探究ナビで設定した育成する生徒像、育成する資質・能力を各教科のシラバスや日々の授業実践と結びつけ、どのようにして具現化していくか。探究ナビを中核としたカリキュラム・マネジメントを確立していくこと、アクティブラーニングとカリキュラム・マネジメントを連動させた学校経営の展開が今後の課題である。

> **まとめ**
> - 学校設定科目「探究ナビ」における教師の役割は、teacherではなくcoordinatorである。
> - 学校設定科目「探究ナビ」におけるアクティブラーニングを通して生徒や教員に育つ資質・能力、学習環境の変化は、各教科におけるアクティブラーニングの視点からの授業改善を支え補完し、促進し始めている。
> - これからの社会をよりよく生きるために必要な資質・能力を学校のカリキュラム全体でどう受け止め保障していくか、学習評価の在り方とカリキュラム・マネジメントが課題である。

さらに学びたい人に

- 平田オリザ(2012).『わかりあえないことから―コミュニケーション能力とは何か―』.講談社現代新書.
  ▶小学校や大学で行われている演劇ワークショップの授業の様子を紹介しながら、演劇のもつ力をいかして、コミュニケーション教育を学校教育の中にどのように組み入れているのか、今本当に求められているコミュニケーション能力とは何なのか？について著者の考えがまとめられている。
- 平田オリザ・蓮行(2009).『コミュニケーション力を引き出す―演劇ワークショップのすすめ―』.PHP新書.
  ▶演劇ワークショップが企業の社員教育や海外の演劇教育の中でどのように用いられているか。その過程や手法(コミュニケーションゲーム)が紹介されている。演劇ワークショップで育つ力＝演劇力(脚本力、演技力、演出力)の向上はそのままコミュニケーション能力の向上を意味すること、また演劇は個々のコミュニケーション能力を向上させるだけでなく、コミュニケーション環境の検証・整備能力をも向上させることが解説されている。
- 石井英真(2014).『今求められる学力と学びとは―コンピテンシー・ベースのカリキュラムの光と影―』.日本標準ブックレットNo.14.
  ▶学校で育成すべき資質・能力の内実を階層性(質的レベル)の側面から整理するとともに、能力の要素の軸を加えて整理されている。学校で育てる資質・能力の全体像をどう構造化していけばよいか、日々の授業をどう改善していけばよいのかなど、各学校が「カリキュラム・マネジメント」を確立していく上で大変示唆に富む。

索引

事項索引

【アルファベット・数字】

Big6スキルズ・モデル	31, 32
IBL（探究学習：inquiry-based learning）	18
PDCAサイクル	131
PISA型学力	140

【あ行】

アクティブラーナー	54, 55

【か行】

学習意欲	115
学習指導要領	17, 18, 46, 50, 121, 155
学習成果	17, 94, 107, 109, 155
学習スタイル	90
学習への深いアプローチ	13
学習目標	154
学力の3要素	48, 55
課題解決学習	5
課題解決型のアプローチ	72
課題探究型	121
カリキュラム・マネジメント	155
観の形成	58, 59
関与	86, 108, 115, 120
キー・コンピテンシー	55
キャリア教育	18
協同学習	47, 113
協働学習	13, 15, 19, 62
形成的評価	62, 150
言語活動の充実	47
高次の認知機能	110
高大接続	46, 52-54, 64
コピペ	39

【さ行】

ジェネリックスキル	25
ジグソー学習法	69, 77, 78
自己主導型	11
自己主導型学習	6, 8, 13, 15
自己評価	62, 150
社会化	15
社会構成的	13, 15
社会的生活	18
省察	118
情報探索	28, 31, 32, 34, 35, 37, 38, 42
情報リテラシー（教育）	24-32, 35, 38, 41
初年次教育	52-54
真正（な学習／評価等）	12, 76, 85, 86, 107
総括的評価	62, 150

【た行】

知識基盤社会	49
知識構成	13
チーム・ティーチング	62
ディープ・アクティブラーニング型授業	109
テューター	6, 14, 96-98
転移	19

動機づけ	73, 74, 129, 131
トランジション	16

【な行】

認知プロセスの外化	113, 114, 120

【は行】

汎用的な能力(ジェネリックスキル、ジェネリックコンピテンシー)	20
剽窃	39
ファシリテーションスキル	155
ファシリテーター	14, 117
深い学習、深い理解、深い関与	110
プロジェクトメソッド	10
ポートフォリオ	41, 63

【ま行】

メタ認知	132, 155
モチベーション	42, 81-83, 85

【ら行】

ラーニングコモンズ	24, 42
リサーチリテラシー	130
リテラシー	55, 56
リフレクションシート	150, 154
領域固有	19, 20
ルーブリック	29, 41, 62, 63, 137, 138, 150, 154

人名索引

アイゼンバーグ, M. B.	32
安彦忠彦	50, 52
市川伸一	50, 52
ウッズ, D. R.	7, 8
クールソ, C. C.	31, 32
ザーコフスキー, P. G.	26
チャン, L. C.	6
テイラー, R. S.	26
デモ, W.	26
デューイ, J.	10, 18
バロウズ, H. S.	6
ホートン, F. W.	26
メローシルヴァー, C. E.	8, 9

執筆者紹介

溝上　慎一（みぞかみ　しんいち）（**編者**、1 章）

長澤　多代（ながさわ　たよ）（2 章）
　　三重大学　情報教育・研究機構　情報ライブラリーセンター研究開発室　准教授。
　　専門：図書館情報学（大学図書館の学習・教育支援機能、情報リテラシー教育）
　　主要著作：「大学教育における教員と図書館員の連携を促す図書館員によるつながり方の開拓：アーラム・カレッジのケース・スタディをもとに」『日本図書館情報学会誌』(2012年)、「ミシガン大学の図書館が実施する学習支援・教育支援に関するケース・スタディ―フィールド・ライブラリアンの活動を中心に―」『Library and Information Science』(2013年)。

成田　秀夫（なりた　ひでお）（**編者**、3 章）

成瀬　尚志（なるせ　たかし）（4 章）
　　大阪成蹊大学経営学部准教授。
　　主要著作：『レポート課題から考える授業設計』（編・共著、ひつじ書房、2016）、「レポート評価において求められるオリジナリティと論題の設定について」『長崎外大論叢』(2014年)。

石川　雅紀（いしかわ　まさのぶ）（4 章）
　　叡啓大学特任教授・神戸大学名誉教授。
　　主要著作：『循環型社会と拡大生産者責任の経済学』（昭和堂、2010 年、分担執筆）、Economic and environmental impact analysis of carbon tariffs on Chinese exports, (共著), Energy Economics, 50, 2015.

丹羽　雅之（にわ　まさゆき）（5 章）
　　岐阜大学医学教育開発研究センター特任教授。
　　専門：医学教育、薬理学
　　主要著作：『新しい医学教育の流れ』（三恵社、2015 年）、『日本の医学教育の挑戦』（篠原出版新社、2012 年）、『問題解決型学習ガイドブック―薬学教育に適した PBL テュートリアルの進め方―』（東京化学同人、2011 年）、『e-learning と遠隔教育　近未来の医療と現在の医学教育』（高橋優三編、篠原出版、2016 年）。

小山　理子（こやま　あやこ）(6 章)
　　京都光華女子大学短期大学部ライフデザイン学科教授。
　　専門：高等教育
　　担当科目：ブライダル総論など

飯澤　功（いいざわ　いさお）(7 章)
　　京都市立堀川高等学校教頭　京都大学博士（人間・環境学）。
　　2002 年京都大学大学院人間・環境学研究科博士後期課程在籍中、SSH 指定を受けた堀川高校の常勤講師として勤務。その後、同校教諭・主観教諭を経て 2020 年 4 月から現職。

木村　伸司（きむら　しんじ）(8 章)
　　大阪府教育センター高等学校教科推進室教科教育推進グループ指導員。

岡本　真澄（おかもと　ますみ）(8 章)
　　大阪府教育センターカリキュラム開発部高等学校教育推進室長。

【編者紹介】

溝上 慎一(みぞかみ　しんいち)
学校法人桐蔭学園理事長　桐蔭横浜大学学長・教授
1970年生まれ。大阪府立茨木高等学校卒業。神戸大学教育学部卒業。京都大学博士（教育学）。1996年京都大学高等教育教授システム開発センター助手、2000年同講師、教育学研究科兼任、2003年京都大学高等教育研究開発推進センター助教授（のち准教授）、2014年同教授。2019年学校法人桐蔭学園理事長、桐蔭横浜大学特任教授、2020年4月より現職。
専門：心理学（現代青年期、自己・アイデンティティ形成、自己の分権化）と教育実践研究（生徒学生の学びと成長、アクティブラーニング、学校から仕事・社会へのトランジション、キャリア教育等）
主な著書：『自己形成の心理学―他者の森をかけ抜けて自己になる』(2008 世界思想社、単著)、『現代青年期の心理学―適応から自己形成の時代へ』(2010 有斐閣選書、単著)、『自己の心理学を学ぶ人のために』(2012 世界思想社、共編)、『アクティブラーニングと教授学習パラダイムの転換』(2014 東信堂、単著)、『高校・大学から仕事へのトランジション』(2014 ナカニシヤ出版、共編)、『アクティブラーニング・シリーズ』全7巻監修 (2016 ～ 2017 東信堂)、『アクティブラーニング型授業の基本形と生徒の身体性』(2018 東信堂、単著)、『学習とパーソナリティ―「あの子はおとなしいけど成績はいいんですよね！」をどう見るか』(2018 東信堂、単著)、『高大接続の本質―どんな高校生が大学、社会で成長するのか2』(2018 学事出版、責任編集)、『社会に生きる個性―自己と他者・拡張的パーソナリティ・エージェンシー』(2020 東信堂、単著) 等多数。

成田 秀夫(なりた　ひでお)
大正大学 地域創生学部 地域創生学科／総合学修支援機構 DAC 副機構長・教授
学校法人河合塾　教育研究開発本部・開発研究職を経て、2019年より現職。2000年より大学の初年次教育の授業開発に携わり、初年次教育学会の理事を務めている。経産省「社会人基礎力」の立ち上げ、大学生のジェネリックスキルを育成・評価するPROGの開発に携わるなど、高校・大学・社会をつなぐ教育の研究開発に尽力。現職として、初年次教育・教養教育・キャリア教育を統合した「統合型教養教育」の開発・運営に携わり、文部科学省の令和2年度大学教育再生戦略推進費「知識集約型社会を支える人材育成事業」に採択され、事業計画責任者を務める。

シリーズ　第2巻
アクティブラーニングとしてのPBLと探究的な学習

| 2016年 3月20日 | 初　版第1刷発行 | 〔検印省略〕 |
| 2021年 6月30日 | 初　版第4刷発行 | 定価はカバーに表示してあります。 |

編者Ⓒ溝上慎一・成田秀夫／発行者　下田勝司　　　　印刷・製本／中央精版印刷

東京都文京区向丘1-20-6　　郵便振替 00110-6-37828
〒113-0023　TEL (03)3818-5521　FAX (03)3818-5514　　　発行所　株式会社 東信堂
Published by TOSHINDO PUBLISHING CO., LTD.
1-20-6, Mukougaoka, Bunkyo-ku, Tokyo, 113-0023, Japan
E-mail : tk203444@fsinet.or.jp　http://www.toshindo-pub.com

ISBN978-4-7989-1346-9 C3337　　Ⓒ S. Mizokami, H. Narita

溝上慎一監修 アクティブラーニング・シリーズ 全7巻
2016年3月全巻刊行　　　各A5判・横組・並製

① **アクティブラーニングの技法・授業デザイン**
安永悟・関田一彦・水野正朗編
152頁・本体1600円・ISBN978-4-7989-1345-2 C3337

❷ **アクティブラーニングとしてのPBLと探究的な学習**
溝上慎一・成田秀夫編
176頁・本体1800円・ISBN978-4-7989-1346-9 C3337

③ **アクティブラーニングの評価**
松下佳代・石井英真編
160頁・本体1600円・ISBN978-4-7989-1347-6 C3337

④ **高等学校におけるアクティブラーニング：理論編**(改訂版)
溝上慎一編
144頁・本体1600円・ISBN978-4-7989-1348-3 C3337

⑤ **高等学校におけるアクティブラーニング：事例編**
溝上慎一編
192頁・本体2000円・ISBN978-4-7989-1349-0 C3337

⑥ **アクティブラーニングをどう始めるか**
成田秀夫著
168頁・本体1600円・ISBN978-4-7989-1350-6 C3337

⑦ **失敗事例から学ぶ大学でのアクティブラーニング**
亀倉正彦著
160頁・本体1600円・ISBN978-4-7989-1351-3 C3337

東信堂

東信堂

学びと成長の講話シリーズ

① アクティブラーニング型授業の基本形と生徒の身体性　溝上慎一　一〇〇〇円
② 学習とパーソナリティ——「あの子はおとなしいけど成績はいいんですよね」をどう見るか　溝上慎一　一六〇〇円
③ 社会に生きる個性——自己と他者・拡張的パーソナリティ・エージェンシー　溝上慎一　一五〇〇円

アクティブラーニング・シリーズ

① アクティブラーニングの技法・授業デザイン　佐伯胖編　一六〇〇円
② アクティブラーニングとしてのPBLと探究的な学習　永田敬編　一八〇〇円
③ アクティブラーニングの評価　水野正朗編　一六〇〇円
④ 高等学校におけるアクティブラーニング：理論編（改訂版）　溝上慎一編　一六〇〇円
⑤ 高等学校におけるアクティブラーニング：事例編　溝上慎一編　二〇〇〇円
⑥ アクティブラーニングをどう始めるか　成田秀夫　一六〇〇円
⑦ 失敗事例から学ぶ大学でのアクティブラーニング　亀倉正彦　一六〇〇円

大学のアクティブラーニング
——全国大学調査からみえてきた現状と課題
河合塾編著　三八〇〇円

グローバル社会におけるラーニング・ブリッジング
——授業内外のラーニング・ブリッジング
河合塾編著　三二〇〇円

大学生の学習ダイナミクス
——今の大学教育では学生を変えられない
アクティブラーニングと教授学習パラダイムの転換
河井亨　四五〇〇円

大学生白書2018
——学校から仕事へのトランジションを切り抜ける
溝上慎一　二八〇〇円

若者のアイデンティティ形成
ジェームズ・E・コテ＆
チャールズ・G・レヴィン著
河井亨・溝上慎一訳　三二〇〇円

「学び」の質を保証するアクティブラーニング
——3年間の全国大学調査から
河合塾編著　二八〇〇円

「深い学び」につながるアクティブラーニング
——全国大学の学科調査報告とカリキュラム設計の課題
河合塾編著　二八〇〇円

アクティブラーニングでなぜ学生が成長するのか
——経済系・工学系の全国大学調査からみえてきたこと
河合塾編著

〒113-0023　東京都文京区向丘1-20-6
TEL 03-3818-5521　FAX03-3818-5514　振替 00110-6-37828
Email tk203444@fsinet.or.jp　URL:http://www.toshindo-pub.com/

※定価：表示価格（本体）＋税

東信堂

いま、教育と教育学を問い直す―教育哲学は何を究明し、何を展望するか 森田尚人編著 三三〇〇円

教育的関係の解釈学 松浦良充 三三〇〇円

教員養成を哲学する―教育哲学に何ができるか 坂越正樹監修 三二〇〇円

大学教育の臨床的研究―臨床的人間形成論第Ⅰ部 下司晶・古屋恵太・編著 四二〇〇円

臨床的人間形成論の構築―臨床的人間形成論第２部 田中毎実 二八〇〇円

人格形成概念の誕生―近代アメリカの教育概念史 田中智志 三六〇〇円

社会性概念の構築―アメリカ進歩主義教育の概念史 田中智志 三八〇〇円

温暖化に挑む海洋教育―呼応的かつ活動的に 田中智志編著 三二〇〇円

教育哲学のデューイ―連環する二つの経験 田中智志編著 三五〇〇円

学びを支える活動へ―存在論の深みから 田中智志編著 二〇〇〇円

グローバルな学びへ―協同と刷新の教育 田中智志編著 二八〇〇円

大正新教育の思想―生命の躍動 橋本美保編著 四八〇〇円

大正新教育の受容史 橋本美保編著 三七〇〇円

空間と時間の教育史―交響する自由へ 橋本美保編著 四三〇〇円

アメリカ進歩主義授業理論の形成過程―教育における個性尊重は何を意味してきたか 宮本健市郎 三九〇〇円

応答する〈生〉のために―〈力の開発〉から〈生きる歓び〉へ 宮本健市郎 七〇〇〇円

子どもが生きられる空間―生・経験・意味生成 高橋勝 一八〇〇円

流動する生の自己生成―教育人間学の視界 高橋勝 二四〇〇円

子ども・若者の自己形成空間―教育人間学の視線から 高橋勝編著 二四〇〇円

越境ブックレットシリーズ

⓪教育の理念を象る―教育の知識論序説 田中智志 二七〇〇円

①知識論―情報クラウド時代の"知る"という営み 山田肖子 一二〇〇円

②女性のエンパワメントと教育の未来―知識をジェンダーで問い直す 天童睦子 一〇〇〇円

③他人事≒自分事―教育と社会の根本課題を読み解く 菊地栄治 一〇〇〇円

④食と農の知識論―種子から食卓を繋ぐ環世界をめぐって 西川芳昭 一〇〇〇円

〒113-0023 東京都文京区向丘1-20-6　TEL 03-3818-5521　FAX03-3818-5514　振替 00110-6-37828
Email tk203444@fsinet.or.jp　URL:http://www.toshindo-pub.com/
※定価：表示価格（本体）＋税